大学生创新创业教育与理论指导研究

王 晨 詹 斌 著

中国纺织出版社有限公司

内 容 提 要

本书以大学生创新创业教育为主题，系统介绍了大学生创新创业的教育内容、大学生创新创业教育的理论基础以及发展趋势。从理论基础出发，结合当前时代发展背景，对大学生创新创业教育进行了详细分析，阐述了大学生创新创业教育发展、大学生创新创业教育具体方法、大学生创新创业教育课程体系的构建、高校创新创业教育实践教学体系的构建等内容。本书语言简洁精练，内容丰富，以"创新思维、创业认知、突出实践"为主线，旨在培养大学生创新精神与创业意识、提升大学生创新创业能力。

图书在版编目（CIP）数据

大学生创新创业教育与理论指导研究 / 王晨，詹斌著. -- 北京：中国纺织出版社有限公司，2023.5
ISBN 978-7-5229-0594-5

Ⅰ.①大… Ⅱ.①王… ②詹… Ⅲ.①大学生—创业—研究 Ⅳ.①G647.38

中国国家版本馆CIP数据核字（2023）第085617号

责任编辑：张　宏　　责任校对：高　涵　　责任印制：储志伟

中国纺织出版社有限公司出版发行
地址：北京市朝阳区百子湾东里A407号楼　邮政编码：100124
销售电话：010—67004422　传真：010—87155801
http://www.c-textilep.com
中国纺织出版社天猫旗舰店
官方微博 http://weibo.com/2119887771
北京虎彩文化传播有限公司印刷　各地新华书店经销
2023年5月第1版第1次印刷
开本：787×1092　1/16　印张：11.5
字数：221千字　定价：98.00元

凡购本书，如有缺页、倒页、脱页，由本社图书营销中心调换

前 言

高校毕业生是我国人力资源的重要组成部分，是社会中最有朝气、最有活力的群体。近年来随着我国高等教育规模的扩大，高校毕业生的人数在逐年增加，这在相当程度上满足了我国社会发展的人才需要，但同时也带来了一系列社会问题。大量毕业生走向社会给就业市场增添了无形的压力，而毕业生自身的就业压力则更为严峻，不少大学生和家长在就业问题上很迷茫。在各级政府和高等院校的共同努力下，毕业生就业工作积累了一系列宝贵经验，取得了可观的成绩。然而，在新的历史时期，面对国内外新的政治经济形势，高校毕业生就业又面临着新的机遇和挑战。

要提高大学生的创新创业能力，形成良好的创新创业教育氛围，建设完善的创新创业培育体系，形成一个像生态体系一样的良性循环系统，构建一个全方位的立体创新创业教育生态培育体系。

本书根据教育部关于大学生创新创业教育的最新精神，努力吸纳当代创新创业教育的最新成果，试图以全新的视角对作为一种新的教育理念的创新创业进行科学定位和准确解读；立足中国实际，借鉴国外成功经验，对大学生创新创业的基本知识、基本理论进行了系统分析和全面讲解。

由于作者水平和学识有限，书中难免存在不当之处，敬请各位专家、学者和广大读者对本书的内容和结构提出宝贵意见。

著者
2023 年 1 月

目 录

第一章 创新创业教育概述 ··· 1
 第一节 创新创业概述 ··· 1
 第二节 创新思维与创新意识 ·· 13
 第三节 创新方法与创新能力 ·· 27

第二章 大学生创新创业教育时代背景 ·· 35
 第一节 创新创业教育的背景 ·· 35
 第二节 我国对创新创业的支持 ··· 43
 第三节 大学生创新创业教育的现状 ··· 51

第三章 大学生创业团队的组建与管理 ·· 63
 第一节 创业者与创业团队的培养 ·· 63
 第二节 创业团队组建 ·· 74
 第三节 创业团队的管理 ··· 83

第四章 大学生创业机会与创业风险 ·· 91
 第一节 创业机会 ·· 91
 第二节 创业风险 ·· 104

第五章 大学生创业计划书的编写 ··· 121
 第一节 创业计划书概述 ··· 121
 第二节 创业计划书的内容与撰写 ·· 125

第六章 大学生创新创业教育模式 ··· 141
 第一节 大学生创业教育模式概览 ·· 141
 第二节 高校创新创业教育模式的构建 ·· 147
 第三节 大学生创业教育的未来展望 ··· 167

参考文献 ·· 177

第一章

创新创业教育概述

第一节　创新创业概述

一、创新与创新精神

（一）创新的内涵

1. 创新的哲学内涵

创新从哲学上说是一种人的创造性实践行为，这种实践为的是增加利益总量，需要对事物和发现的利用和再创造，特别是对物质世界矛盾的利用和再创造。人类通过对物质世界的利用和再创造，制造新的矛盾关系，形成新的物质形态。

2. 创新的经济学内涵

创新是指以现有的知识和物质，在特定的环境中，改进或创造新的事物（包括但不限于各种方法、元素、路径、环境等），并能获得一定有益效果的行为。

1912年，经济学家约瑟夫·熊彼特将"创新"概念引入经济学，提出"创新理论"。他认为，所谓"创新"就是建立一种新的生产函数，把一种从来没有过的关于生产要素和生产条件的"新组合"引入生产体系。熊彼特则列出了5种新组合：开发新产品；引进新技术；开辟新市场；发掘新的原材料来源；实现新的组织形式和管理模式。20世纪50—60年代，学者们在熊彼特工作基础上，形成"创新"研究的三个分支：技术创新理论、制度创新理论、国家创新系统研究。20世纪80年代，英国技术创新专家弗里曼等把工业创新（技术创新）分成四类：渐进性创新、渐进的改进、根本性创新、根本的突破。20世纪70—80年代，是创新理论的发展和应用时期。迈尔斯和马奎斯在《成功的工业创新》中将"创新"定义为技术变革的集合。技术创新是一个复杂的活动过程,从新思想和新概念开始,通过不断地解决各种问题,最终使一个有经济价值和社会价值的新项目得到实际成功应用。弗里曼认为"技术创新是一个技术的、工艺的和商业化的全过程,其导致新产品的市场实现和新技术工艺与装备的商业化应用"。20世纪90年代至今,创新理论开始成熟,并且发展到国家创新体系建设层面。1993年,纳尔逊主编的《国家创新系统》指出,国家创新系统是指"一系列的制度,它们的相互作用决定了一国企业的创新能力"。OECD(经济合作与发展组织)认为,创新包括科学、技术、组织、金融和商业的一系列活动,具体包括以下三种创新:①非技术创新,是指技术创新之外的所有创新活动,主要类型有组织创新和管理创新;②技术创新,包括技术产品创新和技术工艺创新,是指技术上的新产品和新工艺,以及技术上有重大改进的产品和工艺;③企业创新,是指企业的所有创新活动。

3. 创新的社会学内涵

创新是指人们为了发展需要,运用已知的信息和条件,突破常规,发现或产生某种新颖、独特有价值的新事物、新思想的活动。

创新的本质是突破,即突破旧的思维定式、旧的常规戒律。创新活动的核心是"新",它或是产品的结构、性能和外部特征的变革,或是造型设计、内容的表现形式和手段的创造,或是内容的丰富和完善。

由此可知,现代社会中的创新概念是人们根据一定目的,针对所研究的对象,运用已知的信息和条件,从而改进或创造新的事物、方法、元素、路径、环境等,并能获得一定有益效果的行为。这种成果是指以某种形式存在的创新成果,它既可以是一种新概念、新设想、新理论,又可以是一项新技术、新工艺、新产品,还可以是一个新制度、新市场、新组织。这个定义是根据成果来判别创新性的,其判别标准有两个:一是成果是否新颖,是否有社会或个人价值;二是社会价值,指对人类、国家和社会的进步具有重要意义,如重大的知识创新、技术创新和产品创新等。人类社会发展到今天的信息化、智能化,是依靠人类思想的更新和实践的实施所推动的。如果人类社会没有创新,就不会有生产力的进步,人类历史就不会向前发展。

(二)创新的类型

创新虽有大小、层次之分,但无领域、范围之限。从不同的角度可以对创新作出各种不同的类型划分。根据创新的性质可将其划分为三种类型:原始创新、跟随创新和集成创新。

1. 原始创新

原始创新是指重大科学发现、技术发明、原理性主导技术等原始性创新活动。原始性创新成果通常具备以下三大特征。

（1）首创性。研究开发成果前所未有。只有具备首创性的原始创新才有可能发展成为核心竞争优势。首创性的最高层次是文化和标准的首创性，文化的首创性最终沉淀为经典，科技的首创性最终转化为标准和法规。

（2）突破性。在原理、技术、方法等某个或多个方面实现重大变革。创新既是在前人成果基础上的思维，又是打破前人成果的思维。对已经过多年实践考验的前人成果，必须学习和继承；而对未成定论的、有争议的、新兴的、边缘的学科或产业领域，则应积极开展原始创新活动。

（3）带动性。原始创新在对科技自身发展产生重大牵引作用的同时，也给经济结构和产业形态带来重大变革。例如，晶体管、集成电路的发明以及半导体和存储器、互联网和移动通信等原始创新成果的出现，对解放生产力起到了革命性的推动作用，给提高人们的生产、生活质量提供了必要的物质基础。

2. 跟随创新

跟随创新是指在已有成熟技术的基础之上，沿着已经明确的技术道路进行技术创新，如在原有技术之上将技术更加完善，开发出新的功能等。当年微软公司正是采取在学习网景浏览器的基础上进行创新的方式打败了网景。微软这种被称为"跟随创新"的创新方式，被形容为"等竞争对手出现，马上复制，然后赶超"。从理论上讲，技术上所有的独特用途都是可以复制的。随着技术复制周期越来越短，对新技术的早期投资能真正得到回报的可能性越来越低了。因而，巨大的研发投资，也就是所谓的领先创新，并不一定会为自己带来优势。只有当风险比较低时，创新才可以获得回报。这种看法已得到多数人的认同。

3. 集成创新

集成创新是利用各种信息技术、管理技术与工具等，对各个创新要素和创新内容进行选择、集成和优化，形成优势互补的有机整体的动态创新过程。

（三）创新的构成要素

1. 创新意识

创新意识是创新的前提，是人们认识创新的价值性、重要性的程度，由此形成创新的倾向和准备状态，表现为积极开放的心态和乐于创新的意愿，是人们进行创造活动的内在动力。创新意识首先是具有积极开放的心态，具有好奇心和探究欲，并且总能得出与众不同的解决方案。其次是敢于否定，不迷信权威，乐于发现与寻找符合客观实际的规律性行为与现象。

创新意识根据其来源，有主动与被动之分。创新行为的产生，是源于长期的思考、积累、酝酿，突然灵光一现产生的创新意识。有一部分创新意识是被动的，是长期重复工作所累积经验后偶然出现的。另一部分是主动的创新意识，是强调主体的创新行为，强调发挥主观能动性，是长期思考、酝酿的结果。

同时，创新意识是创新能力的基础，是提升我们自主创新能力的前提。增强创新意识是实现理论创新、制度创新和科技创新的重要条件。

2. 创新思维

创新思维是一种创造性的思维活动，它可以开拓新的领域、创造新的成果，它是创新成功的关键因素。这种思维可以突破传统思维的界限，以超常规或者反常规的方法和视角去思考问题，从而提出独特的解决方案，甚至形成新颖、独到和有价值的成果。因此，创新思维不仅体现在新发现和新发明的思维过程中，而且体现在思考的方法和技巧上，也体现在某些局部的结论和见解上，是具有新颖独到特点的思维活动。具有创新思维的人在解决问题的时候可以想别人所未想，敢于突破原有的框架，或是反向思考问题，从而取得创新成果。

创新思维需要艰苦的脑力劳动，创新思维成果的实现往往需要长期的探索、刻苦的钻研，甚至反复、多次挫折，并且创新思维离不开推理、想象、联想、直觉等思维活动。与创新思维相对立的是定式思维，定式思维是通过重复或重复使用从而巩固形成的思维方式，是机械的、封闭的和单一的思维。因此，可以说创新思维是打破常规和习惯，以独特、新颖、灵活的方式思考问题的思维方式。

通常来说，具有创新思维功能的思维模式有：发散思维，即思维从一个点出发，没有预先设定目标，而是任意向四面八方发散。逆向思维，是指敢于打破常规，从不同角度思考问题，甚至逆其道而行之。批判性思维，是一种基于充分的理性和客观性进行理论评估与客观评价的能力与意愿，它不为感性和无事实根据的传闻所左右。具有批判性思维的人能在辩论中发现漏洞，并能抵制毫无根据的想法。在现代社会，批判性思维被普遍定义为教育尤其是高等教育的目标之一。形象思维，是指根据生活中的各种现象加以选择、分析、整合，然后加以艺术塑造而成的思维方式。

3. 创新能力

创新能力是指将创新想法变成现实的能力，能够提出通过创新的想法解决前人未解决的问题，能够通过创新的途径取得前所未有的成功。

对于企业而言，凡是能改变以后资源财富的行为，就是创新能力。因此，企业的创新能力是企业的要素资源在市场中进行有效的转化，从而提高企业内部质量、促进企业获得与其他竞争对手更多差异的能力，这种差异性最终转化为企业在市场上获得的竞争优势。企业创新能力的提高意味着企业竞争力的提高，创新能力的高低直接影响企业竞争力的强弱。

对于社会而言，创新能力是人类进步的灵魂。如果人没有创新能力，便不会有今日人类的文明，我们可能还过着钻木取火的原始生活。爱因斯坦、爱迪生等人之所以能对人类发展做出如此巨大的贡献，就是因为他们具有很强的创新能力。当今社会的竞争，与其说是人才的竞争，不如说是人创造力的竞争。

因此，创新意识、创新思维和创新能力之间是相辅相成、相互促进的关系。创新意识促进创新思维，从而促进创新能力；反过来，创新能力也会激发创新意识和创新思维。

（四）大学生创新精神培育

1. 创新精神的内涵

创新精神是指要具有能够综合运用已有的知识、信息、技能和方法，提出新方法、新观点的思维能力，以及进行发明创造、改革、革新的意志、信心、勇气和智慧。创新精神既是一个国家和民族发展的不竭动力，也是一个现代人应该具备的素质。创新精神属于科学精神和科学思想范畴，是进行创新活动必须具备的心理特征，包括创新意识、创新兴趣、创新胆量、创新决心，以及相关的思维活动。

创新精神是一种勇于抛弃旧思想旧事物、创立新思想新事物的精神。例如，不满足已有的知识（掌握的事实、建立的理论、总结的方法），不断追求新知识；不满足现有的生活生产方式、方法、工具、材料、物品，根据实际需要或新的情况，不断进行改革和革新；不墨守成规（规则、方法、理论、说法、习惯），敢于打破原有的条条框框，探索新的规律、新的方法；不迷信书本、权威，敢于根据事实和自己的思考，对书本和权威提出质疑；不盲目仿效别人的想法、说法、做法，不人云亦云，唯书唯上，坚持独立思考，说自己的话，走自己的路；不喜欢一般化，追求新颖、独特、异想天开、与众不同；不僵化、呆板，灵活地运用已有知识和能力解决问题等都是创新精神的具体表现。

创新精神是科学精神的一个方面，与其他方面的科学精神不是矛盾的，而是统一的。例如，创新精神以敢于摒弃旧事物旧思想、创立新事物新思想为特征，同时创新精神又要以遵循客观规律为前提，只有当创新精神符合客观需要和客观规律时，才能顺利地转化为创新成果，成为促进自然和社会发展的动力；创新精神提倡新颖、独特，同时又要受到一定的道德观、价值观、审美观的制约。

创新精神提倡独立思考、不人云亦云，并不是不倾听别人的意见、孤芳自赏、固执己见、狂妄自大，而是要团结合作、相互交流，这是当代创新活动必不可少的方式；创新精神提倡胆大、不怕犯错误，并不是鼓励犯错误，只是出现错误认知是科学探究过程中不可避免的；创新精神提倡不迷信书本、权威，并不是反对学习前人经验，任何创新都是在前人成就的基础上进行的；创新精神提倡大胆质疑，而质疑要有事实和思考的根据，并不是虚无主义地怀疑一切……总之，要用全面、辩证的观点来看待创新精神。

创新精神是一个国家和民族发展的不竭动力，也是一个现代人应该具备的素质，只有具有创新精神，我们才能在未来的发展中不断开辟新的天地。

2. 创新精神的培育

（1）要有强烈的创新欲望。创新是人类特有的认识能力和实践能力，以现有的思维模式提出有别于常规或常人思路的见解为导向，利用现有的知识和物质在特定的环境中改进或创造新事物。如果没有强烈的追求创新欲望，那么无论怎样谦虚和好学，最终都是模仿或抄袭，只能在前人划定的圈子里周旋。要创新，我们就要坚持不懈的努力，勇敢面对困难，要有克服困难的决心，不要怕失败，相信一点，失败乃成功之母。例如，著名学者周海中教授在探究梅森素数分布时就遇到不少困难，有过多次失败，但他并不气馁。由于追求创新的欲望和坚持不懈的努力，他终于找到了这一难题的突破口。1992年他给出了梅森素数分布的精确表达式。目前，这项重要成果被国际上命名为"周氏猜测"。

（2）始终保持一颗好奇的心。牛顿少年时期就有很强的好奇心，他常常在夜晚仰望天上的星星和月亮。"星星和月亮为什么挂在天上？星星和月亮都在天空运转着，它们为什么不相撞呢？"这些疑问激发着他的探索欲望。后来，经过专心研究，终于发现了万有引力定律。能提出问题，说明在思考问题。在学习过程中，自己如果提不出问题，那才是最大的问题。好奇心是包含着强烈的求知欲和追根究底的探索精神，谁想在茫茫学海获取成功，就必须有强烈的好奇心。正如爱因斯坦说的那样："我没有特别的天赋，只有强烈的好奇心。"

（3）不断进行自我提问。如果不问"为什么"，人类会减少很多创新性的见解。一个具有创新思维的人总是能透过表面现象去寻找问题的本质，他们从来不把任何事情看作水到渠成的过程，也不会把任何事情当作理所当然的结果。那些看似一时冲动提出的问题往往包含着更多创新思维的火花。

（4）表达自己的想法。一个人一生中会有太多的想法，这其中大部分的想法都被自我审查意识否定了，这种自我审查机制将一切看似离经叛道的想法都当作"杂草"一样铲除，留下循规蹈矩的想法，但这些循规蹈矩的想法是没有创造力的，想要创新便不能放弃每一根"杂草"，当你有了稀奇古怪的想法时应该表达出来，每一次表达都能拯救一个创新的小火花，只有这样才能更仔细地去审视、去探索、去验证，去发现它们真正的价值。

（5）拥有坚定的信念和意志。创新的道路并不是一帆风顺的，想要实现一个小创意、小方法也会遇到种种困难，创新的过程从来就不是一蹴而就的，在创新的过程中应坚定信心，不断进取，当创新活动误入歧途时，应调整方向，迫使自己"转向"或"紧急刹车"。一个人是否具有创新能力是"一流人才和三流人才之间的分水岭"，个人不创新，会被公司淘汰；公司不创新，会被行业淘汰；行业不创新，会被社会淘汰；社会不创新，会被历史淘汰。

二、创业与创业精神

（一）创业的内涵

创业，在《新华字典》里的定义是"开创事业"。学者们也从不同的方面对其进行了定义。但最确切的定义应该是：创业是不拘泥于当前资源约束，寻求机会、进行价值创造的行为过程。

其实，创业的本质是一种生活方式，创业就是某一个人或团队通过寻求机会、整合资源，可以创造价值、体现价值的过程，因此创业可以挖掘个人潜力，把自身优势发挥得淋漓尽致，从而体现自身价值。

美国人本主义心理学家马斯洛于1945年提出了一个"人类需求层次理论"，在这个理论中，马斯洛把"自我实现需求"看作是区别于其他四种需求的最高级别。自我实现，也可以叫作"实现自身价值"，是人类充分利用外在和内在条件，发挥自身潜力的心理需求，是一种要把人的潜力发挥到极致的根本欲望。而人们追求成功的动机，正是来源于"自我实现"的需求。从马斯洛的需求理论来看，处于不同层次的创业者都有自己不同的追求。

恰恰是追求出类拔萃、追求自我实现的心理需求才变成一种内生的动力，不断激励创业者战胜困难、超越自我、冲破逆境，从而体现自身的价值。成功是一种心灵的力量。

创业的特点和类型介绍如下。

1. 创业的特点

（1）创业是主动进行的创造活动。知识经济的不断发展，对人们的素质提出新的要求。在此背景下，人们会主动去开拓一种新的生存理念和生存模式，以此来改变人们原有的生活方式，提高人们的生存能力。

（2）创业是创造价值的过程。创业是对社会资源的重新组合、配置和利用，以及创造更多价值、新事物的过程。

（3）创业带有一定的风险。创业环境的不确定性，创业机会与创业企业的复杂性，创业者、创业团队与创业投资者的能力与实力的有限性，都会给创业带来一定的风险，导致创业的失败。

2. 大学生创业的特点

（1）大学生创业具有激情性。刚进入社会的大学生年轻有活力，勇于拼搏，无太重负担，具有较强的社会适应能力，自信心较强，对自己认准的事物会有激情去体验。

（2）大学生创业具有知识性。大学生通过在学校的专业学习，掌握了一定的专业技能及专业知识作为创业的基础。

（3）大学生创业具有创新性。大学生思维活跃，接受新事物较快，创意新、点子多。

（4）大学生创业经验缺乏。大学生意气风发，对创业满怀希望，但难免经验不足，缺乏对市场的了解，对风险和困难的抵抗力较为薄弱。

3. 创业的类型

（1）按创业动机分。创业可分为机会型创业与就业型创业。机会型创业是指创业的出发点并非谋生，而是为了抓住、利用市场机遇；就业型创业是指创业者为了谋生而自觉或被迫走上创业之路。

（2）按创业起点分。创业可以分为创建新企业和企业内创业。创建新企业是指创业者个人或团队从无到有地创建出全新的企业组织。这个创业过程充满挑战和刺激，个人的想象力、创造力可得到最大限度的发挥，但风险和难度也很大，创业者往往缺乏足够的资源、经验和支持。企业内创业是指在现有企业内的有目的的创新过程。

（3）按创业项目类型分。创业可分为传统技能型创业、高新技术型创业和知识服务型创业。传统技能型创业是指使用传统技术、工艺的创业项目；高新技术型创业是指知识密集度高，带有前沿性、研究开发性质的新技术、新产品项目；知识服务型创业是指为人们提供知识、信息的项目。

（4）按创业方向或风险分。创业可分为依附型创业、尾随型创业、独创型创业和对抗型创业。依附型创业是指依附于大企业或产业链而生存，为大企业提供配套服务，或者使用特许经营权；尾随型创业是指模仿他人创业，"学着别人做"；独创型创业是指提供的产品或服务能够填补市场空白；对抗型创业是指进入其他企业已形成垄断地位的某个市场，与之对抗较量。

(5)按创新内容分。创业可分为基于产品创新的创业、基于营销模式创新的创业和基于组织管理体系创新的创业。基于产品创新的创业是指基于技术创新或工艺创新等产生了新的消费群体,从而导致创业行为的发生;基于营销模式创新的创业是指采取有别于其他厂商的市场营销模式,因而有可能给消费者带来更高的满足度;基于组织管理体系创新的创业是指采取有别于其他厂商的企业组织管理体系,因而能更高效地实现产品的商业化和产业化。

(二)创业的原则和过程

1. 创业的原则

(1)适应性原则。创业初期,不适宜选择不切实际的大型项目,要选择感兴趣、熟悉的项目进行,至少在做之前已经跟别人学习过,或者做过长时间的调研分析,对项目有清晰的认知,尤其是对风险的认知。

(2)市场性原则。对于初创者来说,创意很重要。但是,产品的市场和销售往往比创意更重要。往往有很多创业者认为自己发现了一种新的商业模式,但实际操作中会发现行不通。没有销售渠道,再好的创意也没法实现。所以,在创业的初始阶段,相对于好的创意,怎样把产品或服务卖出去更为重要。

(3)资金可控性原则。现金流是一个项目的血液,能够给自己和团队持续发展的激情,无论现金流是来自真实的收入还是投资,都要尽早实现现金流入,避免创业过程中由于现金流中断而带来的亏损问题。同时,要有止损底线,要敢于下决心喊停。

(4)实践性原则。创业者一定要对自己的事业有掌控力,但凡能做出一番成绩的创业者,初期一定是亲力亲为的舵手,不仅要把握方向,还要渗透到项目细节、客户维系和具体运营之中。马云、马化腾、乔布斯等在创业初期,也都是各自企业的产品经理和业务经理,只是到后来,才慢慢地去主抓大方向和定战略。

(5)目标性原则。创业初期,目标一定要简单清晰,要了解目标聚集战略,将资源、资金和人力、精力集中于某一项主业上,避免"系统化""整合化"等多元化的发展战略和目标。

2. 创业的过程

(1)产生创业动机。创业动机是创业的原动力,它推动创业者去发现和识别市场机会。创业活动的主体是创业者,创业活动首先取决于个人是否希望成为创业者。创业动机不仅是打算创业的一时冲动,更是对创业目标与预期收益的深思熟虑。

(2)识别创业机会。识别创业机会是对可能成为创业机会的诸多事件的分析和对创业预期结果的判断。创业机会一般分为两种：一种是意外发现的，另一种是经过深思熟虑才发现的。国家产业政策的调整、新技术的出现、人口和家庭结构的变化、人们的物质和精神需求的变化、流行时尚等都可能形成创业机会。创业者应该具有敏锐的嗅觉，能够及时、准确地识别创业机会，将知识、经验、技能和其他市场所需的资源进行整合。

（3）整合有效资源。资源是创业的基础性条件，整合资源是创业者发现机会的重要手段。强调整合资源，是因为创业者可以直接控制的可用资源往往很少，许多成功的创业者都有白手起家的经历。创业者需要整合的资源包括基本信息（有关市场和法律问题）、人力资源（合作者、最初的雇员）、财务资源等。

（4）创建新企业。创建新企业需要进行大量的准备工作，其中，创业计划、创业融资和注册登记尤为关键。创意能否变成行动，关键看其能否形成一个周密的创业计划；资金往往成为创业企业的"瓶颈"，创业融资在企业的创建过程中至关重要；当创业者完成创业计划并获得融资之后就可以按照法定程序进行注册登记，包括确定企业的组织形式、设计企业名称、向工商行政管理机关提出企业登记注册申请、领取营业执照等。

（5）实现价值。创业者整合资源、创建新企业的目的是实现价值，并通过实现价值来实现创业目标。

（6）获得创业回报。创业回报是创业活动的目的，有助于强化创业者对事业的执着追求。

（三）大学生创业精神培养

1. 创业精神的内涵

（1）创业精神的灵魂是创新。创业精神蕴含着创新，正如德鲁克所说："创业精神是一个创新过程，在这个过程中，新产品或服务机会被确认、被创造，最后被开发出来产品并创造新的财富。缺乏创新，就不会有新企业的诞生和小企业的成长壮大"。

（2）创业精神的天性是冒险。没有甘冒风险和勇担风险的勇气，就不能成为创业者。中外无数创业者虽然成长环境、成长背景和创业机缘各不相同，但无一例外，都是在条件极不成熟和外部环境极不明晰的情况下，敢为人先，勇于做"第一个吃螃蟹的人"。

（3）创业精神的精髓是合作。在当今社会，行业分工越来越细，没有谁能一个人完成创业所需要完成的所有事情。真正的创业者都是善于合作的，而且能将这种合作精神扩展到企业的每个员工。面临困境时，团队成员能团结一心，"心往一处想，劲往一处使"。

（4）创业精神的本色是执着。创业的道路是坎坷的，选择创业就是选择了面对更多困难、迎接更大挑战，而创业精神就体现在战胜困难与挑战的过程中。因此，创业者必须坚持不懈，只有知难而进，在战胜困难中学会成长，才能抓住真正的成功机会。

2. 创业精神的作用

成功企业家对创业精神有示范作用。每一个创业者在创业初期，都应该对已经创业成功或没有创业成功的人做尽可能多的了解，当然，这种学习不要对自己的创业形成束缚。因为，人们所学会的每一件事都是实践的结果，而每一个创业者在创业历程中，都不可避免地犯过错误。任何一位企业家都会牢记自己和其他创业者经历了怎样的磨难才取得今天的成功。创业实践证明，学习别人成功的经验，可以使人更容易成功。吸取别人失败的教训，可以使人不复制失败。就像家长从小告诫孩子不要用手去摸太热的东西一样，实际上如果没有家长的教诲，这个世界上不知要多出多少孩子被烫伤的故事。

向成功者学习成功的经验，学习就是获得经验的捷径。没有谁天生就有丰富的经验，所有的经验都是人们经历之后才获得的，"实践出真知"，只有在挫折中"吃一堑长一智"，才可以积累有用的经验。假如想拥有经验，梦想创业成功，最好的办法就是向创业经验丰富的人讨教，分析成功企业家的案例，然后借鉴他们的经验，并行动起来。

学习那些成功的案例，不难发现，在那些成功企业家的眼里到处都是机会。他们很少抱怨，而总是用一双善于发现的眼睛去看别人看不到的商机。他们总是具有独特的思路和见解，而且行为也通常异于常人。有时甚至是不为大多数人所接受，但是却从来不人云亦云，所以才能成为人群中的佼佼者。具有不同于常人的思维方式和不盲目追随"羊群效应"的行为方式，是成功企业家的普遍特点。

三、大学生创新创业教育

（一）大学生创新创业教育的作用

随着高等教育从"精英教育"向"大众教育"迈进，高校毕业生就业形势日益严峻，高校毕业生数量将远远超过空缺岗位的数量。有专家指出，近几年城镇每年需要就业的人数保持在2400万人以上，而在现有经济结构下，每年大概只能提供1100万个就业岗位，年度就业岗位缺口在1300万个左右。因此，今后在很长一段时期内，大学生将面临更为严峻的就业形势。提高大学生创新创业能力对其人生发展具有重要的现实意义。

1. 有利于缓解大学生就业压力

大学生的创业能力有利于解决大学生就业难的问题，一个创业能力很强的大学毕业生不但不会成为社会的就业压力；相反，还能通过自主创业活动来增加就业岗位，以缓解社会的就业压力。为此，国家各级党政部门，纷纷把"鼓励和支持高校毕业生自主创业"作为化解当前社会就业难的主要政策之一。

2. 有利于大学生自我价值实现

高校毕业生通过自主创业，可以把自己的兴趣与职业紧密结合，做自己最感兴趣、最愿意做和自己认为最值得做的事情。在五彩缤纷的社会舞台中大显身手，最大限度地发挥自己的才能，并能获得合理的报酬。当前社会鼓励大学生创业，虽然是从化解就业难的角度，但从大学生自身来说，其创业的主要原动力则在于谋求自我价值的实现。而只有提高大学生创业的比例，整个社会才能形成创业的风气，才能建立"价值回报"的社会新秩序。

3. 有利于大学生自身素质的提高

在提高大学教育管理水平与大学生素质的各类探索实践中，大学生创业无疑是最经济、最有效的方法之一。通过创业与创业实践，大学生可以充分调动自己的主观能动性，改变自身就业心态，自主学习，独立思考，并学会自我调节与控制。也只有这样，大学生创业才能成功。对于一个能自我学习，懂得如何管理自己的时间与财务，善于拓展人脉关系，并能够主动调适工作心态，积极适应社会的大学生，其就业将不存在任何问题。

4. 有利于培养大学生的创新精神

创新是一个民族的灵魂，是一个国家兴旺发达的不竭动力。青年大学生作为中国最具活力的群体，如果失去了创造的冲动和欲望，那么中华民族将最终失去发展的不竭动力。大学生的创业活动，有利于培养勇于开拓创新精神，把就业压力转化为创业动力，培养出越来越多的各行各业的创业者。美国作为世界最发达的国家，其大学生的创业比率一直在20%以上。美国前总统里根曾说：一个国家最珍贵的精神遗产就是创新，这是国家强大与繁荣的根源。中国的未来在于大学生，中华民族的精神永恒则在于大学生旺盛的创造力与创新追求。

（二）培养大学生创业精神

1. 培养全面发展的能力

第一，要培养自己的创新思维能力，善于在已有经验的基础上，发现新事物、创造新方法，从而解决新问题。第二，大学生要勇敢面对挫折，具有坚定的创业意志品质。第三，大学生要培养吃苦耐劳的精神。吃苦耐劳的精神是指一个人面对困难并克服困难的过程中，磨炼出的一种比较坚定的、持续的意志品质和顽强的精神。大学生在平时生活中，必须抵制奢侈浪费、见利忘义、拜金主义、过度追求物质享受等不良社会思潮的渗透与蔓延，消除其带来的不利影响。第四，大学生要培养危机意识。当今市场竞争越来越激烈，如果缺乏危机意识，离成功的机会也就越来越远。大学生可以通过创业竞赛、创业实践来培养自己的危机意识。第五,大学生要不断充实创业知识。创业精神为创业提供精神、思想上的支持,而创业知识则是创业的能力、素质基础,因此大学生要认真学习创业知识,比如金融知识、法律知识、管理学知识,努力做好创业准备,以便在实践中能从容应对挑战。

2. 课外活动中培育创业精神

课外活动又被称为"第二课堂",是大学生创业精神培育的重要载体。课外活动中的专业社团活动、挑战赛活动、创新创业工作坊活动等,均对大学生创业精神培育起着润物无声的作用。对于大学生来说,一方面,要积极参加社会实践活动。社会实践活动对大学生来说主要包括到企业实习和利用寒暑假、周末做兼职等形式的活动。通过以上创业实践,丰富自己的社会阅历,以便于发现商机。另一方面,积极参加学校组织的各项各类第二课堂活动。积极利用大学生创业园等学校提供的创业实践平台,通过创业亲身实践,体会创业艰辛,以此来提升自己的抗压能力,磨炼自己的意志品质。

第二节 创新思维与创新意识

一、创新思维

(一)创新与创新思维

1. 思维的概念

思维是人脑对客观事物概括的、间接的反映过程。思维过程是我们认识活动的高级阶段;也是人们对客观事物的反映,来源于客观世界;反映出客观事物的一般性和规律性的联系。在人们的日常生活中,我们时刻都离不开思维,用它学习知识、解决问题;辨别真伪、识别美丑;探索新知,创造未来,思维具有以下三种特征。

(1)思维的概括性。思维的概括性是指在大量的感性材料基础上把一类事物共同的、本质的特征和规律抽取出来。其中,概括是人形成概念的前提,是思维活动能迅速迁移的基础。同时,概括会随人们认识水平的提高不断得以提高。事实上,人们对客观事物认识水平提高的同时也会对事物的概括水平有所提高。

（2）思维的间接性。思维的间接性是指人们借助于一定的媒介和知识经验对客观事物进行间接认识。例如，读万卷书，在阅读中即使你没有作者的经历，也可以在头脑中进行加工，感受作者所表达的喜怒哀乐。正因如此，思维的间接性能使人们超越感知觉提供的信息，认识那些没有直接作用于感官的事物和属性。

（3）思维是对经验、信息的再加工。思维活动往往与场景密不可分，经常由一定的问题情境引起，大脑试图通过对已有的知识经验进行重建、改组和更新，试图解决当下情境所面临的问题。比如，"得到"APP"每天听本书"栏目，它试图通过互联网技术解决人们在当今社会阅读的问题，通过利用新技术对已有书籍进行再生产，给读者带来不一样的阅读体验。

2. 创新思维的概念

创新思维又称创造性思维，与其相对应的是常规思维。常规思维是指人们运用已获得的知识经验，按已有的方案和程序直接解决问题。

许多心理学家认为，创新性思维是多种思维的综合表现形式。它既是发散性思维与复合性思维的结合，同时又是直觉思维与分析思维的结合。广义的创新思维是指人们在提出问题和解决问题的过程中，一切对创新成果起作用的思维活动。狭义的创新思维是指人们在创新活动中直接形成创新成果的思维活动，常常是非逻辑思维的一种形式。普遍认为，创新思维不受传统经验所束缚，能把过去的知识经验部分抽取，重新组织已有的知识经验，提出新颖的解决方案或程序并创造出新的思维成果的思维活动。

一个人如果具有创新思维，就能打破常规、突破传统，具有丰富的想象力、敏锐的洞察力、预测能力和超强的感知力，从而使思维具有一种超前性、变通性。对于人而言，创新思维是可以通过学习、刻意练习改变与提高的。大学生接受外界事物与适应变化的能力要高于普通群体，完全可以通过坚持不断的培养和刻意练习提升其创新思维能力。爱因斯坦指出："想象力比知识更重要，因为知识是有限的，而想象力概括着世界上的一切，推动着进步，并且是知识进化的源泉。严格地说，想象力是科学研究中的实在因素。"

创新思维的本质在于将创新意识的感性愿望提升至理性层面并进行探索，实现创新活动由感性认识到理性思考的飞跃。

（二）创新思维的特征

1. 概括性

概括性是思维最显著的特征，是人们形成或掌握概念的前提，是一切科学研究的出发点。

2. 问题性

思维在概念的形成与问题的解决中产生，指向于解决任务或问题。通常由四部分构成：发现问题（提出问题）、明确问题、提出假设和检验假设。

3. 新颖性

创新思维不受传统习惯和先例的禁锢，超出常规。在学习过程中，对所学定义、定理、公式、法则、解题思路、解题方法、解题策略等提出自己的观点、想法，提出科学的怀疑、合情合理的"挑剔"。

4. 联想性

面临某一种情境时，思维可立即向纵深方向发展，觉察某一现象后，思维立即设想它的反面。这实质上是一种由此及彼、由表及里、举一反三、融会贯通的思维的连贯性和发散性。

5. 灵活性

在学习过程中，思维突破"定向""系统""规范""模式"的束缚，不局限于老师所教以及常规模式，遇到具体问题应灵活多变，活学活用。

6. 综合性

思维调节局部和整体、直接和间接、简单和复杂的关系，在信息中进行概括、整理、组合和再加工，把抽象内容具体化，把繁杂内容简单化，从中提炼出较为系统的经验。

（三）创新思维的类型

创新思维给人类带来新的、具有社会价值意义和成果，是一个人智力水平高度发展的产物。创新思维与创造性活动密不可分，是多种思维的统一。人类社会最大的特点就是能够不断创新，即构建想象共同体；对于个人而言，创新思维是一种习惯，尤其是在社会中，即使只是作为一个工作者都应具备改变旧的、固有的思维习惯，建立新的思维习惯的能力。创新思维有很多种，以下是几种常见的思维类型。

1. 发散思维

发散思维又称求异思维、辐射思维、放射性思维或扩散思维，是指人们沿着不同的方向思考，重新组织当前的信息和记忆系统中储存的信息，产出大量的、独特的新思想，表现为思维视野广阔，呈现出多维发散状。这种思维的主要功能是求异。

发散思维作为一种创新方法，被广泛用于科学研究、科技发明以及企业的经营活动中。事实上，发散思维是创新思维的主要特征，同时也是测定创造力的主要标志之一。发散思维是典型的、艺术化的思维，能促使人们提高对工作、生活和学习的激情，是兴趣的乐园、智慧的发源地。发散思维具有流畅性、变通性、独特性、多感官性等特点。常见的发散思维的表现形式有平面思维、立体思维、逆向思维、横向思维、纵向思维和组合思维等。

（1）平面思维。平面一般包括点、线、面3个基本构成要素。平面思维是指人的各种思维线条在平面上聚散交错，核心是联系和想象；是线性思维向着纵横两个方向扩张的结果；更具有跳跃性和广阔性。

（2）立体思维。立体思维是指跳出点、线、面的限制，从空间网络、时间网络和事物联系的网络以至占领整个立体思维空间思考问题；具有纵向垂直、横向水平、交叉重叠的组合优势；扩大思维活动范围，拓展提高思维的各种可能性。

（3）逆向思维。逆向思维也叫求异思维、反向思维，它是对司空见惯的、似乎已经成定论的事物或观点反过来思考的一种思维方式。其实对于某些特殊问题，从结论往回推，倒过来思考，从求解回到已知条件，反过去会简单化，使问题的解决更容易。运用逆向思维去思考和处理问题，实际上就是以"出奇"达到"制胜"。因此，逆向思维的结果常常会令人大吃一惊，别具一格。

（4）横向思维。横向思维是指突破问题的结构范围从其他领域的事物、事实中得到启示而产生新设想的思维方式，它不一定是有序的，同时也不能预测。具有这种思维方式的人，思维面都不会太窄，且善于举一反三。横向思维是通过明显的、不合逻辑的方式寻求解决问题的方法，主要作为对传统的批判和分析性思维方式的补充，具有激发新观念、完善构思、保持思维开放状态以及进行改造等作用。横向思维的特征是寻找更多答案、更多方案等，但其欠缺一定深度。

（5）纵向思维。纵向思维是指在一种结构范围内，按照有序的、可预测的、程式化的方向进行的思维形式。纵向思维是符合事物发展方向和人类认知习惯的思维方式。通常情况下，纵向思维方式遵循由低到高、由浅到深、由始至终等过程。从不同层面切入，突破性的、递进性的、渐变性的联系过程。事物发展的过程性是纵向思维得以形成的客观基础，纵向思维在事物的萌芽、成长、壮大、发展和衰亡过程中可捕捉到事物的规律性，即对事物发展过程的反映。因而，纵向思维是我们对日常生活中的形势分析、研究常用的方法。

（6）组合思维。组合思维又称连接思维或合向思维，是指把多项貌似不相关的事物通过想象加以连接，从而使之变成不可分割的新整体的一种思考方式。组合思维具有创新性、广泛性、时代性和继承性等特点。常见的组合思维的形式有同类组合、异类组合、重组组合、共享与补代组合、概念组合和综合等6种。

2. 集中思维

集中思维又称收敛思维、求同思维和聚合思维。集中思维是一种有方向、有范围、有条理的收敛性思维方式。这种思维方式与求异思维相互依存、相互补充，结合形成完整缜密的思维体系和程序。从多种不同角度、不同信息源中引出一种结论，有助于对思维对象的把握和思维层次的发掘。例如，教师根据各种教学参考资料归纳出一种正确的结论传授给学生。在进行这种集中性思维时，往往需要把已提供的各种信息加以重新组织，然后找出合适的解决方案。

集中思维与思维定式完全不同。思维定式是让传统性和习惯性思路引向僵化、重复模拟、狭隘片面的惰性歧途；求同思维则要求既求真、求变、求新，又不唯"异"独尊，把求异当成一种追求。在创新活动中，通过发散思维提出种种假设，然后能使用求同思维挑出好的设想。发散思维体现了"由此及彼"和"由表及里"的思维过程，聚合思维体现了"去粗取精"和"去伪存真"的思维过程。

3. 联想思维

联想思维是指人脑记忆表象系统中，由于某种诱因导致不同表象之间发生联系的一种没有固定思维方向的自由思维活动。事实上，联想思维是以事物的普遍联系为基础的，主要的思维形式包括幻想、空想、玄想。其中，幻想尤其是科学幻想在人们的创新活动中起着重要作用。联想思维具有连续性、形象性和概括性的特征，其突出特征是悖逆性、挑战性、批判性。联想思维可以使我们扩展思路、升华认识、把握规律。常见的联想思维的类型有相似联想、对比联想、接近联想、关系联想4种。

（1）相似联想是指由一事物联想到另一个与它在性质上接近或类同、近似的事物。比如，想到大海时会想到沙滩、想到海鸥、想到海豚、想到珊瑚礁、想到浮潜等。

（2）对比联想是指由一事物联想到与其具有相反特点或特征的另一事物。比如，黑夜和白昼、夏天的酷热与冬天的严寒等。

（3）接近联想是指由一事物联想到在时间或空间上相接近的另一事物。比如，看到学生会想到教室、老师、桌椅、粉笔、课本等相关事物。

（4）关系联想是指由事物所具有的各种关系而形成的联想思维。

4. 综合思维

综合思维又称复合性思维，是把某一事物的某些要素分离出来，组建到另一事物或事物的某些要素上的创造性思维过程。综合思维是掌握系统、整体及其结构层次上的综合，有着高层次的、全局的认识水平。综合思维中的分析是综合的分析，是以综合为认识起点，并以综合为认识归宿的，是"综合—综合分析—新的综合"的思维过程。这种由"综合而综合"的思维方式体现了对已有智慧、知识的交杂和升华，绝不是简单的相加或拼凑。比如"瞎子背瘸子"就是典型的综合思维，二人充分发挥优势，形成优势互补，从而达到不仅可以看见，还可以行动的目的。

5. 逻辑思维

逻辑思维符合某种人为制定的思维规则和思维形式的思维方式。逻辑思维是确定的、前后一致的、有条理和根据的，不是自相矛盾的。逻辑思维一般会用到概念、判断、推理等思维形式和比较、分析、综合、抽象、概括等方法，而掌握和运用相关形式与方法的程度形成了逻辑思维能力。逻辑思维具有规范、严密、确定进而可重复的特点。常见的思维类型有经验型和理论型两种，其中经验型常局限于经验，思维水平较低；理论型以理论为依据，运用科学的概念、原理等方式进行判断推理，思维水平较高。

6. 灵感思维

灵感思维是指在事物的接触及思考中，因受到某种启发而产生的创新思维方式，是文学艺术和科学研究中经常出现和运用的一种创新思维方式。灵感思维是一个过程，是灵感的产生过程，不是一种简单的逻辑或非逻辑思维的活动，而是逻辑思维与非逻辑思维相统一的理性思维过程。灵感思维具有转瞬即逝的偶发性、突发性和模糊性等特点，因此，需要抓住稍纵即逝的灵感思维，以促成新事物的应运而生或疑难问题的解决。常见的灵感思维有自发灵感、诱发灵感、触发灵感和迸发灵感四类。灵感思维的方法有久思而至、触类旁通、见微知著、梦中惊成、自由遐想、急中生智、另辟新径、原型启示、豁然开朗、巧遇新迹等。

（四）创新思维的培养

1. 逆向思维训练

逆向思维也叫反向思维、反转思维，是指从事物的反面去思考问题的思维方法。其特点是改变惯常思维方式，从相反方面来认识事物、思考问题。由于这种思维突破了人们考虑问题的思维方式，因而往往能够获得惯常思维所不能取得的成效。这种方法常常使问题得以创造性的解决。创新，有时候不是突如其来的天才想法，而是正确思维方法的必然结果。常用的逆向思维训练方法如下。

（1）结构逆向。比如，手机都是正向显示的。如果把画面反转过来呢？这样你把手机放在汽车仪表盘上，导航软件的画面反射到前挡风玻璃上，就成了正面，那样你就不必低头看手机了。

（2）功能逆向。比如，保温瓶的功能是保热，"逆向思维"思考后——它是不是可以保冷呢？于是就有了冰桶。空调的目的是制冷，能不能同时制热呢？我们知道空调制冷的原理是通过把热量从室内交换到室外去的方法制冷，把空调交换出去的热量，输送到厨房形成家用热水系统。

（3）状态逆向。比如，人走楼梯，是人动楼梯不动，如果把这个状态反转，人不动，楼梯动，于是就有了自动扶梯。

（4）原理逆向。比如，电动吹风机的原理是用电制造空气的流动，方向是吹向物体，逆向利用这个原理，空气还是流动，但是方向相反，电动吸尘器诞生。

（5）序位逆向。序位逆向，就是顺序和位置逆向。比如在动物园，是把动物关在笼子里，人走动观看。如果把这个状态反过来呢？人关在笼子里，动物满地走，于是就有了开车游览的野生动物园。

（6）方法逆向。古代司马光砸缸救人也说明了逆向思维的作用。通常从大水缸里取物、救人只可由缸口打捞，或者将水缸放倒，而不损坏水缸。当时司马光年纪小，不可能采取以上两种办法，便急中生智，运用逆向思维砸缸救出小伙伴。青岛牌啤酒在进入美国市场时主要做了两件事情：一是出资请美国广告商通过报纸、电视、电台等新闻媒体进行广告宣传；二是让美国大饭店接受这种啤酒，以扩大影响。后一件事做起来并不容易，美国大饭店不会轻易进购这种啤酒。啤酒推销商看到这一点，便没有登门推销，而采取相反做法，变卖为买。他们出资在纽约多家大饭店举办宴会，宴请社会名流。每到大饭店，便指名要青岛牌啤酒，如果没有，就以缺少这种酒而宴会不够档次为由取消宴会。这样，青岛啤酒不仅受到纽约许多大饭店的重视，登上了高档宴席，而且逐渐在美国啤酒市场站稳脚跟。以买促卖的做法无疑是逆向思维的创新成果。

2．批判性思维训练

（1）批判性思维训练的方法。发现和质疑基础假设，是批判性思维的基础。检查事实的准确性和逻辑一致性。关注特殊背景和具体情况，并寻找其他可能性。

（2）批判性思维的应用。批判性思维指的是"熟练地和公正地评价证据的质量，检测错误、虚假、篡改、伪装和偏见的能力"，帮人们尽可能地获得最准确的认知，接近真相。

3．正向思维训练

正向思维是从因到果的思维，从已知预测未知的能力。踢一脚足球，我预测它就会飞掉；按下开关，我预测灯就会关掉。擅长正向思维的人，都是"因果逻辑收集者"，平常在大脑中收集、整理、存放了大量的因果逻辑，以备随时调用。

4. 思维导图训练

思维导图又称脑图、心智地图、脑力激荡图、灵感触发图、概念地图、树状图、树枝图或思维地图，是表达发散性思维的有效的图形思维工具，也是一种利用图像式思考的辅助工具。

思维导图是使用一个中心关键词或想法引起形象化的构造和分类的想法；它用一个中心关键词或想法以辐射线形连接所有的代表字词、想法、任务或其他关联项目的图解方式。它虽简单却又极其有效，是一种革命性的思维工具。思维导图运用图文并重的技巧，把各级主题的关系用相互隶属与相关的层级图表现出来，对主题关键词与图像、颜色等建立记忆连接。思维导图充分运用左右脑的机能，利用记忆、阅读、思维的规律，协助人们在科学与艺术、逻辑与想象之间平衡发展，从而开启人类大脑的无限潜能。因此，思维导图具有训练人类思维的强大功能。

思维导图是一种将放射性思考具体化的方法。放射性思考是人类大脑的自然思考方式，每一种进入大脑的资料，不论是感觉、记忆或是想法，包括文字、数字、符码、香气、食物、线条、颜色、意象、节奏、音符等，都可以成为一个思考中心，并由此中心向外发散出成千上万的关节，每一个关节代表与中心主题的一个连接，而每个连接又可以成为另一个中心主题，再向外发散出成千上万的关节，呈现出放射性立体结构，而这些关节的连接可以视为记忆，也就是个人数据库。

二、创新意识

（一）创新意识的概念

1. 创新意识的定义

创新意识是人们对创新与创新的价值性、重要性的一种认识水平以及由此形成的对待创新的态度，以及形成一种指导创新活动的整体的精神态势。人们根据对创新的认识和生产生活的需要，引起创造新事物的观念和动机，并在创造活动中表现出意向、兴趣、愿望等。创新意识是一种思想观念和主观欲望，是唤醒和发挥人的创新潜能的前提。不仅是科学家等人群需要创新意识，每个人都需要创新意识，从而更好地解决问题，使自身和社会受益，同时更大程度地实现自我价值。它是人类意识活动的一种积极的、富有成果性的表现形式，是人们进行创造活动的出发点和内在动力，是创造性思维和创造力的前提。

心理学家马斯洛把创造性分为"特殊才能的创造性"和"自我实现的创造性"。"特殊才能的创造性"是指在某个领域有独特才华的人，如科学家、发明家、艺术家等所表现出来的创造性；而"自我实现的创造性"是指追求创新，实现人的价值，这是人人都具有的创造潜力。因此，我们要增强创新意识，认识到自身有创新的可能，从而进一步提升创新能力，取得创新成果。

2. 创新意识的特征

（1）创新意识是求新求变的意识。创新意识区别于其他意识的最典型特征是求新求变。创新意识是一种不安于现状的精益求精的意识，是一种面对未知问题而不无动于衷的尝试冲动，是不断探索、求新求异的兴趣和欲望。总之，创新意识是与墨守成规相对立的，是创造美好新生事物的必要条件。

（2）创新意识是创新的起点。如果说创新是一种从思想到实践的变化过程，那么创新意识就是思想的起点，是人们进行创新活动的出发点。所以，创新意识是开展创造活动的先决条件，也是开发创新思维和创新能力的起点。很难想象，一个没有创新意识的人会持续开展创新活动，取得创造性成果。所以，提升创新能力首先要从培养创新意识着手。

（3）创新意识是各种心理因素构成的整体。创新意识是个体对创新的认识和态度，以及由此引发的情感和意志。创新意识包含好奇心、怀疑感、兴趣、动机、情感等，是多种心理因素共同组成的一种精神状态，是人类意识活动的一种积极的、富有开创性的表现形式。

（4）创新意识具有可塑性。创新意识是可以被塑造的。创新意识需要在生活和学习中逐步建立和完善，它可以通过学习和实践加以激发，也可以通过培养和锻炼加以巩固。大学生要充满好奇心、求知欲，力求掌握更多知识及其原理，深入探索未知的事物和新方法。同时要有质疑精神，保持思维的独立性和求真性。树立远大抱负和工作责任感，也是塑造创新意识的催化剂。

3. 创新意识的类型

创新意识是人类的高级心理活动，是各类人才所必需具备的基本素质。心理学认为，创新意识是指思维不仅能提示客观事物的本质及内在联系，而且能在此基础上产生新颖的、具有社会价值的前所未有的思维成果。创新意识的培养和开发是培养创造人才的起点，只有注意激发人的创新意识，才能为培养创新型人才奠定良好基础。

（1）敢于质疑，多思考。正所谓"小疑则小进，大疑则大进"，在人类社会进步的过程中，批判和怀疑起着毋庸置疑的推动作用。大学生要有敢于质疑的精神，敢于挑战权威，有独立的见解，要充分发挥自己的潜力。为此，要充实自己的知识体系，用知识来武装自己，让自己有更多机会和能力去发现新问题、新事物。

（2）善于发现，多观察。生活中不是没有美景，而是缺少一双发现美景的眼睛，发现是一种具有创造力的行为。生活正因为发现才变得丰富多彩；艺术正因为善于发现才震慑灵魂；科技正因为善于发现才能日新月异。

（3）博学广闻，多学习。生活中希望做到博学广闻的人并不在少数，但是很难实现目标。一个人，不一定去刻意地追求博学，其实我们的每天都在为自己的博学增加分量，我们在广泛涉猎，博采众长，学习知识，增加自己的深度。处于新世纪的知识经济时代，大学生必须博学广闻，多学习，树立终身学习的意识，只有知识积累到一定的程度，我们自身的创新意识和创新能力才能得到提升。

（4）精通专业，多钻研。一个人只有精通自己的专业，才能在自己擅长的领域有所建树，进而才有可能标新立异，取得创造性成果。大学生的专业知识都是未来工作必须具备的，通过对专业知识的学习和理解，能让大学生有一技之长。加强课外实践，将所学到的知识与实践结合起来，发挥自己的专业技能去解决一些实际问题，这样才会真正激发自己的创新能力。作为大学生，我们学好自己的专业知识是必要的，也是必需的，这是未来安身立命的基础。对自己擅长的事情一定要做到最精，用专业知识来武装自己，通过过硬的专业技能让自己变得更加优秀，为社会做贡献。

（5）善于想象，多好奇。一个社会的进步，依赖于人们的创新与创造，而想象力永远都是创新与创造的原动力。我们在学习知识的过程中，要善于创新思维方式，打破陈规，冲破束缚，扩展思维空间，善于去想别人所未想、求别人所未求、做别人所未做的事情，最终不断推动创新发展。

（6）勤于实践，多探究。近代著名教育家陶行知不同意王阳明在《传习录》中所说的"知者行之始，行者知之成"。他认为"行是知之始，知是行之成"，并提出：亲知是一切知识的根本，闻知与说知必须安根于亲知里面方能发挥作用。"纸上得来终觉浅，绝知此事要躬行。"我们只有不断地去尝试实践，才能透彻地认识事物。世界上有些事情只有当自己亲自去实践过，才会发现其中的奥妙。大学生培养和锻炼自己的创新性思维，需要运用探究的方法进行学习，通过亲身实践，培育自己的创新精神和实践能力，促进自己提高与进步。

（二）创新意识的构成要素

1. 创新兴趣

（1）创新兴趣的概念。兴趣是人们力求探究某种事物和从事某项活动的意识倾向。它表现为人们对某件事、某项活动积极的态度和情绪反应，并且使人对感兴趣的事物给予优先的注意。创新兴趣则是对挑战陈规、创造新事物、提出新方法等感兴趣，热衷于从事创新活动。创新对象的奥秘对人有巨大的吸引力，创新的结果给人以希望和召唤，创新本身就是一种强烈的引起兴趣的刺激物。拥有创新兴趣的人,更能全神贯注、积极热情地调动一切潜能进行创新实践,更易于发现问题,探索未知领域,并且感到轻松愉快,不知疲倦地钻研。德国物理学家玻恩说过:"我开始就觉得研究工作是很大的乐趣,在今天,仍旧是一种享受。"创新兴趣往往与好奇心、求知欲联系在一起,这是人的天性。有的人将这种天性抑制和闲置,而有的人将这种天性保持和发扬。爱因斯坦曾说过,他的科学发现来自对问题研究的神圣的好奇心,来自想了解自然奥秘的抑制不住的渴望。当个体充满兴趣地从事创新活动,各项心理功能都积极地活跃起来,感觉清晰,观察准确,思维敏捷,记忆力牢固,注意力集中而持久,有助于把自己的智慧和能力充分发挥出来。对新事物所表现出来的这种积极性和热衷是不断创新的内在动力和新起点。

(2)创新兴趣的品质。由于个体之间的成长环境、实践活动领域和个性有差异,创新兴趣指向的对象也不同,创新兴趣的指向性在一定程度上反映了个人的需求、知识水平、理想和世界观。不同创新兴趣的方向都会促进创新,当然,创新兴趣的对象也存在类别和层次的差异,如科学家、艺术家及商人之间的创新兴趣指向可能就大不相同,但是对于其个人来说都是具有巨大价值的。创新兴趣在个体之间是存在差异的,培养和提高创新兴趣要因人而异,有的放矢。创新不仅要有明确、健康的兴趣,也应有较广泛的兴趣,对周围多变的环境有更充分、全面的观察和理解,不断努力获得广泛的创新信息和各方面不同领域的知识,扩大信息来源和眼界,丰富人的心理活动内容,触类旁通。如果创新是长时间局限的领域,易造成思想闭塞,视界狭小,思路呆板。多变复杂的创新环境需要创新主体具有开放的心态,培养广泛的创新兴趣的同时,也应该有一个中心兴趣。中心能促使个体抓住重点,将精力和热情指向某个研究领域,深入探索,有所突破,而游移的兴趣不利于产生突出的创新成果。个体要有意识地重视发挥创新兴趣的效能,发挥创新兴趣的最大价值。

2. 创新动机

(1)动机是激发和维持个体的活动。动机作为人的积极性的重要源泉,是激发人们进行各种活动的直接原因。创新动机是促使个人潜在创新能力向实际的创新行为转化的动力。恩格斯说过:"就个人来说,他的行动的一切动力,都一定要通过他的头脑,一定要转变为他的愿望的动机,才能使他行动起来。"

创新动机在创新活动中主要有三方面功能:一是激活功能,创新动机触发、推动个体产生创新行为;二是指向功能,创新动机总是使创新活动指向一定的目标或对象;三是维持与调节功能,创新动机引导创新实践,会使人表现出极大的积极性,维持创新过程。个体创新行为是否继续坚持或如何做调整和改变,也会受到创新动机的调整和支配。

(2)创新动机是多元的。创新动机既与创新主体的价值取向和个人特质有关,也与社会和企业组织的环境背景相关。总体上来说,创新动机可以分为内部动机和外部动机。内部动机也称直接动机,是指直接促使人们去创新的内能动力,是由问题本身和个人倾向等内部需要产生的动机。内部动机主要包括兴趣、成就感、发明志向等发自内心的动机。内部动机与活动本身有关。由于创新能令人愉快,新活动本身就是行动者所追求的目的。外部动机也称间接动机,是指创新者在追求目标的过程中,目标本身不一定是创新,但是,达到目标必须经过创新,即在实现目标的过程中含有创新。创新的外部动机包括想获取的外部的物质利益和精神需求,诸如金钱、名声、地位、服务社会等。在现实的经济社会中,个人及企业的经济收益的确是产生创新的重要的外部动机,也是值得肯定和鼓励的,避免消极、错误的创新动机。

(三)创新意识的特征

创新意识是指人们根据社会和个体生活发展的需要,引起创造前所未有的事物或观念的动机,并在创造活动中表现出的意向、愿望和设想。它是人类意识活动中的一种积极的、富有成果性的表现形式,是人们进行创造活动的出发点和内在动力,是创造性思维和创造力的前提。

1. 树立独立意识,摆脱从众心理

从众心理是指个人受到外界人群行为的影响,而在自己的知觉、判断、认识上表现出符合于公众舆论或多数人的行为方式。而实验表明,只有很少的人能保持自己的独立性,没有被从众,所以从众心理是大部分个体普遍所有的心理现象。通常情况下,多数人的意见往往是对的,少数服从多数,一般也是不错的。但是在创造活动中缺乏分析,不做独立思考、不由自主地赞同或屈从于某个群体的意志,是不可取的。因为在无形中使自己的思路沿着他人的轨道运行,继而限制了自己的思路,从而减少了新"主意"产生的机会。古今中外的伟大发明者、创造者,可以说没有一个屈从于群体思维或盲从于他人思维的。

2. 树立怀疑意识,克服权威心理

权威心理是以权威人士的言行作为判断是非曲直的唯一标准。在学术领域,不少人习惯于引证权威的观点。一旦与权威违背,则认为其必错无疑。这就是权威心理的体现。

只有突破权威心理的束缚,学会怀疑,才能推陈出新。荣获1979年诺贝尔物理学奖的美国科学家斯蒂芬·温伯格告诫人们:"不要安于书本上给你的答案,要去尝试下一步,看看能否发现有什么与书本上不同的东西,这种素质可能比智力更重要。"

3. 树立突破意识，克服偏见保守

我们有能力忘掉已知的，否则我们脑海里必定塞满了既定的答案，那就不会有机会问一些能引导新方向的问题。由于这些心智枷锁都是学习得到的，打开心智枷锁的一个关键就是暂时忘掉它们——把我们心智的杯子空出来。已知的东西往往会形成前进的障碍，由于对他人的创造缺乏正确的理解，结果将会把与自己有关的创造机会拒之门外。同时，偏见往往产生刻板，表现为思想的保守和对外在变化的反抗。这种思维的落后和麻木，缺乏对问题的敏感、探索和批评，是影响创造力的人格变项。

知识是创造的必要前提与基础，然而知识本身并不会使一个人具有创造力。创造需要灵活运用已知的知识，突破原有的知识。在"突破"时，就不能受原来条条框框的限制，这才是"善于忘却"一些已知东西的真实含义。因此，从创新的角度来说善于忘却是十分重要的。

4. 树立开放意识，克服思维定式

思维定式又称"习惯性思维"，是指人们按习惯的、比较固定的思路与程序去考虑问题、分析问题。思维定式是人们通过不断的学习和实践积累下来的经验和形成自己独有的对世界、对客观认识的规律和途径。因此，思维定式的建立是一个长期的过程，而一旦思维定式建立就会具有极强的顽固性。

思维定式是一种按常规处理问题的思维方式，它可以省去许多摸索、试探的步骤，缩短思考时间，提高效率。在日常生活中，思维定式可以帮助我们解决遇到的90%以上的问题。然而，大量实践表明，思维定式确实对创造性的问题解决具有较大的负面影响。当一个问题的条件发生质的变化时，思维定式会使解题者墨守成规，难以涌现新思维、作出新决策，从而不利于创新思考、不利于创造，以致造成知识和经验的负迁移。特别是当新旧问题形似质异时，思维定式往往会使解题者步入误区。

创新思维需要善于变通。一个具有思维变通性的人，在思维及解决问题的过程中不呆板、不僵化，机智灵活，能够随时纠正错误，常常会出现"山重水复疑无路，柳暗花明又一村"的效果。思维的变通性，给创造发明提供了更多回旋余地和机会条件。

（四）创新意识的培养

创造活动，特别需要创造者主观能动性和创造性智慧的充分发挥。要达到充分发挥的程度，必须有个性自由的创造环境和提供自由思考的思维空间。基于这种历练，创造学中提出了自由思考型创新技法，如智力激励法、问题列举法、自由组合法等。它们借助想象、联想、发散思维等，来解决创造过程中遇到的一些问题。

1. 问题列举法

问题列举法是把与解决问题有联系的众多要素逐个罗列出来,将复杂的事物分解开来并分别加以研究。它通过对问题的自由列举,来激发人们的发散思维,在狩猎思维的帮助下获得所需的新信息。

2. 组合法

组合型创新技法是指利用创新思维将已知的若干事物合并成一个新的事物,使其在性能和功能等方面发生变化,以产生新的事物或实现新的价值。以产品创新为例,可根据市场需求分析比较,得到有创新性的新的技术产品,可采用功能组合、材料组合、原理组合等方法。

3. 联想法

联想法以由一事物想到另一事物的心理过程为特征。比如,看见红的,就想到血;看到牛,就想到犁;看到黑,就想到白等。巴甫洛夫认为,联想法是由于两个刺激物同时或连续发生作用而产生的暂时神经联系。联想是一种创造性思维,也是常用的发明技法。世界上的许多事物都是相互联系的,要善于联想以启迪发明的思路。但是,通过联想要达到发明,还需要提高到创造性思维的水平,要根据发散性思维的流畅性、变通性、独特性和精致性的特征,经常训练。

4. 演绎发明法

建立在演绎推理基础上的发明创新技法被称为演绎发明法。演绎推理以客观事实为前提,而它也是一种合乎逻辑的必然性推理,因此,结果就比较可靠。演绎发明法在创造发明领域具有极为重要的作用,体现在它是构造科学理论体系最基本的方法之一,是检验科学技术理论特别有效的理论之一,是探索发明创新规律常用的途径之一。一般来说,先有科学理论的发现,然后才有以科学原理为基础逐渐发展起来的各种技术及其应用。当一种新的科学原理被发现后,就会产生连锁反应,衍生许多新产品、新技术和新课题,并且可以进一步演绎出更多更好的创新发明。

第三节 创新方法与创新能力

一、创新方法

(一) 创新方法的内涵

1. 创新方法的概念

创新方法,即创新创业活动的方法与技巧,是人们在创新创业活动过程中,进行一系列思维活动与实践活动所采用的具体方式方法或有效技巧,是利用和反映创新创业客观规律而总结形成的有利于达成创新性目标的途径、手段和方式的总和。长久以来,人们热衷于收集创新创业的优秀案例,对其成功过程与思路进行深入研究,分析、归纳、总结得出了许多可供业界和学界借鉴、学习和效仿的原理、规律与方法。这些创新方法,其实就是关乎如何发现问题、提出问题、解决问题,怎样提出创新理念并予以运用和验证,如何从各种问题、矛盾以及混沌的思维中找到引向创新性目标成果的途径和有效方法。

2. 创新方法的作用

贝尔纳曾言:"良好的方法能使我们更好地发挥运用天赋的能力,笨拙的方法则可能阻碍才能的发挥。"我国民间有"授人以鱼不如授人以渔"的谚语。

从理论上讲,创新方法是创新创业活动方法论研究的重要内容,更是创造学理论的核心组成部分。从实践上看,创新方法为有意识地培养和发展人的创新思维与创新能力提供了方法教育的途径、手段和方式,成为创新创业教育的重要内容。总的来说,方法就是力量。如果把创新创业活动比喻成过河,那么创新方法就是过河的桥或船。创新方法的应用,既可促进创新创业成果的产出,同时又可启发人们的创新思维,提高人们的创新能力及其创新创业成果的实现率与品质。

3. 创新方法的特点

(1) 实践性。创新方法是在创新创业活动实践中总结而来,并经创新创业实践的检验而行之有效。它区别于哲学思辨的产物,不仅依赖对方法和技巧的理论学习和理解,更侧重于实践的锻炼和体悟,因而具有很强的实践性和生命力。

(2) 目的性。从创新方法的研究历史和现状看,它的使命指"是什么""怎么做"等问题,指向的是问题的有效解决、创新发展,并往往以激发创新思维、缩短创新探索过程、提高创新效能等为目的。

（3）非逻辑性。创新方法的运用是没有固定模式的，其实质在于调动创新创业主体的非逻辑思维，激发创新思维与创新能力的产生。非逻辑思维是十分复杂多变的，不存在固化的逻辑程序，所以在实践中运用推广，需要对创新方法进行形式要素的分析、归纳和总结。

（4）多样性。创新方法的体系、品类庞杂。至今为止，已有上百种创新方法为人所知所用。这些方法有的着力于思维方法，有的着力于组织形式，有的着力于非智力因素的调动；有的关乎提出问题，有的关乎解决问题，有的聚焦程式化技巧；有的侧重宏观，有的侧重微观；有的立足发散技法，有的立足收敛技法，有的立足统合技法；有的抽象，有的具体，表现及运用形式多种多样，层出不穷。

（5）可操作性。创新方法得以广泛推崇、普及和推广，得益于它的可操作性。创新方法是创新创业活动的行动指南和制胜法宝，人们往往按照创新方法去探索、实施，努力推动创新发展。

（二）创新方法的类型

在国内外创造学界，学者们研究总结出来的创新方法多达上百种。虽然具体创新方法体系、种类繁多，但是多数创新方法都是在基础型创新方法中衍生或分化出来的。

1. 设问检查法

爱因斯坦有言，"提出一个问题往往比解决一个问题更重要"。实践证明，发现问题并提出问题，就相当于成功了一半。设问检查法，就是指导人们在创新创业活动中以提问的方式从多个不同角度提出假设性解题方案，并通过实践验证以寻求最优解的技法。其实质上就是列举一系列关于提问的清单，如"如果""是否""还能不能"等指引，并针对问题的特性逐项对照核查，以启发想象、开阔思维、拓展空间，引领人们较快进入多维度设想，寻求解决问题的途径。

2. 列举分析法

列举分析法由美国内布拉斯加大学罗伯特·克劳福德教授所创，是运用分解和分析的方法，全面列举研究对象的特点、缺点、希望点等特性，并就其本质加以逻辑分析，运用发展性思维来克服思维定式、启发创新设想、找到创新主题、提出改进方向的一种创新方法。

运用列举分析法的关键在于，对特定对象的本质内容列举得越全面越好，大学生创新创业教育尽量要避免因思考不周全而错失良好创新主题与方向的现象。因其分析问题要求全面、精细，该法比较适用于小的、简单的问题，常用于简单设想的形成与创新目标的确定。需要注意的是，该法一般不直接作用于问题的解决，它往往助力推导多元有益的思路，进一步的实施还需要借助其他技法与手段进行。

3. 组合型技法

组合型技法，是以综合分析为基础，按照一定的原理、功能、目的或规则，将两种或两种以上的原理、方法、现象、技术、物品进行适当的组合或重新安排，从而获得具有统一整体功能的新形象、新创意、新技术、新产品的创新方法。所谓"综合就是创新，越综合越创新"，在创新创业活动中，组合是十分普遍的主流创新方法。它可以是简单的，也可以是综合的，更可以是任意的、无限可能的。每个人在各个领域都可以根据自己的实际情况进行不同层次和范畴的组合创新，因此它具有范围广、易普及、形式多、方法灵活等特点。据不完全统计，现代科学技术新成果中有70%都是由组合型技法实现的。组合的类型多种多样，根据组合的目的、规则、方式、内容、角度、层面等不同方式，会产生不同组合类型与组合效果。

4. 头脑风暴法

一组人员通过召开特殊的专题会议，针对某一特定问题，在自由愉快、畅所欲言的氛围下，与会成员之间互相激励、互相交流、互相启迪、互相补充、互相修正、集思广益，从而产生大量新设想。它是个人发散思维的开放性、集体收敛思维的精准性相结合的体现。

为何头脑风暴法能够在有限时间内产生很多优质创意？奥斯本是这样认为的：联合的力量可以成为复数。一个成员得到了一个创意，就会立马自动地运用想象力再思考其他创意，同时他的创意分享也会刺激、带动、启发他人的想象力，产生所谓的思想的碰撞。这种现象正如弗列特·夏普所说的："如果确实融入意见发表会中，个人灵感可在别人卓越的创意上点火，引发更多创意的火花。"这种群体效应被称为"连锁反应"。

为此，要想发挥头脑风暴会议的最佳效应，参会者必须遵循自由畅谈、延迟评价、以量求质、综合改善这四项基本原则。此外，头脑风暴会议的可行性和有效性是通过一定的讨论程序和规则来保证的，因此，会议组织者和参与者必须共同充分做好准备阶段、会议阶段的各项任务。

二、创新能力

（一）创新能力的定义

创新能力是指在前人发现或发明的基础上，通过自身的努力创造性地提出新的发现、发明或改进革新方案的能力，也是指怀疑、批判和调查的能力，是研究者运用知识和理论，在科学、艺术、技术和各种实践活动领域中，不断提供具有经济价值、社会价值、生态价值的新思想、新理论、新方法和新发明的能力。创新能力主要包括以下五个方面：创新意识、创新基础、创新智能（包括观察能力、思维能力、想象能力、操作能力等）、创新方法和创新环境。

创新能力的定义主要强调三点。第一，在前人发现或发明的基础上。任何人的创新、创造、发明和发现都离不开人类已有的知识和信息。人类社会的发展就是通过不断地继承、批判、发展和创新实现的。第二，通过自己的努力。对于创新者要有强烈的创新动机、创新精神和良好的创新素质和品格。第三，创造性地提出发现、发明或改进革新方案的能力。创新能力是在创造过程中体现出来的，创新能力的种种特征均涵盖其中。

（二）创新能力的特性

1. 创新能力人人皆有

创新能力是人人皆有的一种能力，即创新能力具有普遍性。它并不分年龄大小、正常人和非正常人，也不分智商高低，更没什么内外行、条件好坏之分。也正因为它是人人皆有的一种能力，创新理论，包括创造学、成功学、人类潜能学才有其存在的必要和意义。在实际生活中，我们不要因为自身的条件有些不足而认为无法创新，我们应克服下面一些常见的认识误区。

（1）生理残疾，无法创新。事实上有些生理残疾的人，往往会有惊人的创新成果，常常令生理健全的人为之汗颜和羞愧。例如，自幼失聪的美国残疾女孩海伦·凯勒，以她坚韧不拔的毅力，竟然学会了说话、读书和写作，成为著名的教育学家和作家。我国家喻户晓的张海迪，胸部以下都瘫痪了，但她以坚强的毅力和百折不挠的进取精神，克服了人们难以想象的困难和阻力，发表了大量著作和译作，成为青年人的楷模。有一位科学家，因患脑疾，大脑切除了 1/4，可是他依然有不少发明问世。这样的实例不胜枚举。

（2）智商不高，难以创新。不少人认为自己智商不高与创新无缘，事实上影响创新最主要、最关键的因素并不是人的智力因素而是人的非智力因素，即情商与逆商。例如，有些智力有所障碍的人，对数学、音乐、绘画却有超常的能力。智力并不等于创新能力，高智力更不等于高强的创新能力。

（3）文化水平不高，难以创新。具备一定的知识当然是创新的基础，但并不少见的是，高学历未必能创新，过多的知识反而会抑制人的创新能力。

发明家爱迪生，只上了三个月的学，被老师以"笨"为由赶出校门。伟大的科学家爱因斯坦，初中毕业考不上中等学校，而只能进瑞士的一所补习学校学习。比尔·盖茨大学辍学后靠从事软件开发起家，短短的时间内便成了举世瞩目的人物。这样的例子举不胜举。学历并不能代表实际的创新能力，当然每个人也必须好好学习，只有具备一定的专业知识才能更好地进行创新。

2. 创新能力是综合性的能力

创新能力是在创新过程、创新活动中所体现出来的，是各种创新能力的合成。就创新能力本身而言，创新思维是创新能力的核心。

（1）探索问题的敏锐力。任何人都有创新的禀赋。善于发现问题、提出问题的能力首先表现为敏锐力。

（2）统摄思维活动的能力。创新思维过程总是从推论的一个环节过渡到另一个环节。创新能力在此就体现为把握事物整体和全貌，以及从第一步到最后一步的全部推论的过程。为什么在学习过程中要重视对概念的理解与认识？因为概念具有统摄的功能。人们运用抽象的概念就能不断地向知识的广度和深度拓宽和延伸。

（3）评价综合的能力。评价综合的能力，在创新活动中主要体现为从许多可能的方案中选定一个最优越的方案的能力，而不是对某一个方案的优缺点的列举，是对诸方案进行综合、比较的综合评价能力。

（4）联结和反联结的能力。联结能力是指人在知觉的时候，把所感知到的对象联结起来，并把这些新的信息同以前的知识和经验结合起来。反联结能力是使知觉和以前积累的知识相对抗，避免以前积累下来的知识的负面影响，把观察到的东西能够纯净化的能力。这两种对称的能力对创新都具有重要的意义和作用。

（5）联想的能力。世上不存在不相联系的事物，创新的本质在于发现原以为没有联系的两个和两个以上事物之间的联系。创新思维的本质在于发现这种联系，联想在其中起着极其重要的作用，联想是由一种事物想到另一种事物的心理过程。

（6）侧向思维的能力。能够从离得很远的领域中的状态、特点和性质获得启示的思维方法。这往往是创新思维获得灵感的一个特征。

（7）产生新思想的能力。思考是人生命的重要部分，要获取创新的成果，就要学习、研究和探索，就必须有形成新思想的能力。评价思想的首要准则是其思想的现实可行性，另一准则就是新思想的广度和深度，即能够概括和解释各种各样的大量事实的能力。

创新能力具有综合性，是创新者应具备的各类能力的综合。但是，就以上诸项能力来看，不可能均衡发展，其中有的强些，有的弱些，正因如此，才形成了特点各异、在不同领域杰出的创新者。

（三）创新能力的培养

1. 培育创新精神

创新精神不是与生俱来的，而是通过后天的培养逐步塑造的，创新精神是创造发明的前提。没有创造的愿望和动机，绝不可能做出创造行为。一般说来，创新精神通过动机、信念、质疑、勇敢、意志和情感表现出来。所以，培育创造精神就是培育坚定不移的成功信念、培育顽强的创造意志，以及培育健康的创造情感。

（1）培育坚定不移的成功信念。培育坚定不移的成功信念就是要培养自信心，坚强的自信心是取得成功的基本前提。凡是成功的人，都具有很强的自信心。巴尔扎克说过："我唯一能信赖的，是我狮子般的勇气和不可战胜的从事劳动的精力。"正是这种自信，支撑他写出了《人间喜剧》这一传世巨著。

（2）培育顽强的创造意志。意志不是先天的，意志是在实践中、在奋斗中逐渐被培养和锻炼出来的。创造活动困难重重，本身就是很好的锻炼环境和机会。意志品质的培养可从以下几方面进行：一是树立远大的奋斗目标，激发达到远大目标的强烈愿望和必胜信念；二是在创造实践活动中获得意志品质的锻炼和体验；三是针对自己意志品质的特点，有目的地加强自我锻炼；四是依靠纪律的约束力加强自律，以规范自己的行为；五是多参加磨炼意志的体育活动，在锻炼身体的同时，培养自己的意志品质。

（3）培育健康的创造情感。因为情绪是情感的外部表现，情感是情绪的本质内容，因此培育情感就是掌握控制情绪的心理方法。控制情绪的心理方法主要有：一是意识调节法。人们以自己的意志力量来控制情绪的变化，用社会规范和理性标准来约束自己的情绪，使自己成为能驾驭情感的人。二是语言调节法。语言是体验和表现情绪强有力的工具，通过语言可引起或抑制情绪反应。即使是不出声的内部语言，也能调节自己的情绪。例如，挂在墙上的条幅、摆在案头、床边的警句等，对控制紧张情绪都大有益处。三是注意转移法。注意转移就是把自己消极的情绪转移到有意义的方面。如在烦恼时，欣赏一些能唤起内心正向力量的音乐，就能收到良好的效果。创新精神的内容同时体现一种创造人格，而创造人格决定人的生存品位。我们平时应保持愉快的心境和积极的情绪，遇到失意之事要保持豁达的态度，自我解脱困境，要有幽默感，从而调节好自己的情绪。

（4）培育质疑精神。疑问、矛盾和问题常常是开启思维的钥匙。创新学鼓励人们敢于质疑别人之不疑，善于想别人之所未想。实践表明，不敢提出问题、不善于提出问题和缺乏怀疑精神的人，是绝不会取得创新成果的。质疑精神可从以下几方面进行培养：一是要勤思。尤其是在遇到问题时，要善于自觉地进行独立思考，要有寻根究底的习惯。二是理智地控制自我，在未发现自己错误前，尽量做到坚持己见而不随波逐流。三是在争论问题时，尽力避免从众心理，不要屈从于群体压力。四是要有坚强的自信心，敢于提出问题。五是不要满足于现状，要保持追求创造的"饥饿感"，这样就一定能提出大量问题。六是要有"吹毛求疵"的精神。因为在人们熟视无睹的地方往往会找到问题的症结，从而进行创造发明。

（5）培育勇敢精神。勇敢被誉为"创新者的第一素质"。进行创造活动，就是要去做别人没想过、没做过或没做成功的事，因此没有勇敢精神是不行的。创新是有风险的探索活动，而创新最危险的敌人就是胆怯。在创造过程中，胆怯往往会磨灭想象力和独创精神，胆怯常常会使一个正在叩敲真理大门的人失去发现真理的机会。我们要有不怕失败的精神，要有坚强的意志和敢于向逆境抗争的决心，要有百折不挠的毅力。

2. 培养创新素质

创新素质包括智力素质因素和非智力素质因素。智力素质因素包括吸收能力、记忆能力、想象能力、观察能力和实际动手能力。而与创造开发最为密切的非智力素质因素有自信、质疑、勇敢、勤奋、热情、好奇心、兴趣、情感和动机等。培养创造性人才，就是要提高他们的智力素质因素和非智力素质因素，非智力素质因素的培养，即创造精神的培育。

（1）记忆能力。记忆力是人脑对所经历事物的反应能力。记忆是智能的仓库，学习的基础。凭借记忆力，人们才能不断储存和提取知识，发挥才智，使人聪明起来。记忆力是创造性人才工作、学习和创造所不可缺少的基本条件，是人脑储存和调用过去经验知识的能力。据粗略统计，人的大脑可储存高达几百万亿比特的信息，相当于5亿本书所包含的信息总量。正是由于人脑的记忆潜力非常强大而又神秘，因此人们必须尽可能地开发和利用它们，掌握先进的记忆理论，运用科学的记忆方法，为创造服务。

（2）观察能力。观察是一种有目的、有组织的知觉，是全面、正确、深入地认识事物特点的能力。观察是创造的源泉，创造性人才的培养必须增进其观察能力。培养观察能力的主要途径是养成良好的观察习惯和掌握一定的观察方法。观察能力的培养不是一个独立的过程，它与思维和知识，尤其是与经验的积累密切相关。知识渊博、经验丰富、思维敏捷，才能"目光敏锐""独具慧眼"。因此，观察能力的培养必须不断积累经验，丰富知识。

（3）分析能力。分析能力是通过思维认识事物的各种特性，特别是认识事物本质的能力。创新活动的根本在于寻求解决问题的新方法以及创造发明新事物。就创新活动的整个过程来看，应包括觉察需要、找出关键问题、提出最佳方案及最终实现创造。提高分析能力的主要途径是经常、主动地积极分析各种事物，即通过实践来加以提高。此外，经常参加一些解决问题的分析研讨会、在会上倾听别人对问题的分析以及别人对自己分析的评价。平时,多看一些分析文章和材料,从中学习并分析别人的方法,也都是一些有效的途径。

（4）实际动手能力。创新者在产生某个设想后还需完成这个设想,即把设想变为现实。因为一个完整的创新应有制成的样品,并经过实验验证已达到预期目标,随时可以投入市场或使用。在创新者把设想变为现实的过程中,需要创新者具有一定的实际动手能力,如绘制加工图、制作样品模型以及进行相关的实验等。因此,实际动手能力是创造型人才所应具备的基本技能之一。

第二章

大学生创新创业教育时代背景

第一节 创新创业教育的背景

一、创新创业教育的时代意义

(一)创新是应对百年变局的必由之路

当前世界正处于第三次和第四次技术革命交汇期,这个阶段创新竞争异常激烈,各个国家普遍都将创新作为国际竞争优势的决定性力量。解决新时代发展不平衡不充分的主要矛盾问题,关键是要深入贯彻新发展理念,着力抓重点、补短板、强弱项,这一切都需要进一步走创新之路。

创新是一个系统工程,包括理论创新、制度创新、科技创新、文化创新等各方面创新。人才是创新的根基,是创新的核心要素。创新驱动实质上是人才驱动。加快形成一支创新型人才队伍,重点要在吸引、培养、用好上下功夫。只有全方位的改革才能焕发制度活力,推进自主创新的自觉深入,让人才创新创造活力充分迸发。当前世界正进入以创新要素全球流动为特征的开放创新时代,自主创新也不能闭门造车,只有更深层次的开放才能谋划更高起点的自主创新。

(二)创业是实现高质量发展的战略举措

如果说科技创新是解决经济新常态的动力问题,那么创业要解决的就是经济发展的主体和活力问题。创业是将科技与资本、设备、人才等生产要素结合起来,它实质上是对科技创新的综合应用和产业化。推进以科技创新为基础的创业,推动以制造业创新为主走向制造业与服务业齐头并进,打通科技创新和经济社会发展之间的通道,让一切劳动、知识、技术、管理、资本的活力竞相迸发，释放巨大的发展潜能。全社会的创业活动将聚合新的市场主体，激活新的消费潜力，形成新的商业模式，由此广大中小民营企业将逐步成为市场活力的新的重要源泉，带动中国新一轮高质量发展。

创业的主体是企业家，特别是民营企业家。必须充分肯定我国民营企业在市场经济中的重要地位和作用。资本来源多样化决定了非公有制经济是创业活动的主要力量。党的十九大把"两个毫不动摇"写入新时代坚持和发展中国特色社会主义的基本方略。推动民营经济发展和激发全社会的创业活动需要充分保护企业家精神。市场活力来自于人，特别是来自于企业家，来自于企业家精神。激发和保护企业家精神对于增强市场活力、推动经济结构转型以及促进经济社会持续健康发展都具有重要意义。

（三）创造是凝聚力量实现中国梦的重大选择

如果说创新创业是经济发展的助推力，那么创造则是新时代高质量发展的必然要求。"中国创造"意味着"中国制造"从劳动生产向价值创造、从加工制造向价值链攀升的全面转型，是一场面向国际产业竞争的自觉"品质革命"。伴随中国在全球竞争中主导产业和核心技术的突破式创新以及企业国际市场占有率的不断提高，"中国创造"正逐步成为全球高质量、高品质的代名词。当越来越多的中国创新企业参与到全球技术标准和贸易规则的制定过程，"中国创造"在全球创新版图的贡献度也将日益凸显。

"中国创造"更是指全体劳动人民伟大的创造精神。创造精神缘起于中华民族艰苦奋斗、自强不息的精神传统和文化内蕴，也是中国梦实践中的伟大民族精神的自我升华。"创造"意味着开创、突破和超越的勇气，意味着事业从无到有、革旧鼎新的实践探索。"创造"的主体和依靠力量是最广大的人民群众。新时代倡导创造精神就是要努力营造劳动光荣的社会风尚和精益求精的敬业风气；营造"尊重首创精神，保护创造成果"的社会氛围；大力弘扬劳模工匠精神、企业家精神和科学家精神；最大限度地激发广大人民群众创新创造的磅礴伟力，最大限度地释放全社会"创新创业创造"的新动能。必须从中华民族伟大精神的高度去认识和把握"创新创业创造"重要论述，以"创造"之精神推动新时代"创造"之伟业，让"创新创业创造"汇聚成新时代经济社会高质量发展的永恒动力。

（四）"创新创业创造"是有机的思想整体

从科技创新这个逻辑起点到以技术为导向进行各种生产要素组合的创业，再到弘扬伟大民族精神的创造精神，"创新创业创造"重要论述在行为主体、精神动力和作用机制上构成一个逻辑严谨、逐步提升的思想体系。

在行为主体上，科技创新的主体是广大科技工作者以及全社会所有科技参与者；创业的主体是企业家,特别是民营企业家,他们是"创业就业的主要领域、技术创新的重要主体";创造的主体是全体中华儿女,既包含广大的科技教育工作者、大国工匠、民营企业家等知识型、技能型、创新型劳动者,也涵盖千千万万有创造想法的普通老百姓。这些"创新创业创造"群体组成了新时代最耀眼的时代新人。

在精神动力上,创新需要大力弘扬爱国、创新、求实、奉献、协同、育人的新时代科学家精神,以科学家的榜样力量引领全社会创新智慧的充分迸发和创造力量的不断涌动;创业需要"激发企业家精神,发挥企业家才能",冒险、创新、永不满足、服务社会的精神是创业的内在动力;创造既需要激发科技工作者的创新求变精神,也需要激活和保护企业家的创业创造精神,更需要发扬普通民众的劳动和工匠精神。创新侧重思维,创业重在实践,创造强调精神。创新创业是创造的归属和实践,创造是创新创业的灵魂和动力,必须从整体上把握新时代"创新创业创造"精神的思想实质。

在作用领域上,创新主要聚焦科学技术领域,强调以科技创新为抓手进而推动制度、文化、观念等领域的创新;创业主要聚焦经济发展领域,强调要适应高质量发展不断培育新的市场主体,从而推动经济切实转型增效;创造不仅是指经济领域从传统制造到高端制造的经济发展模式转变,更是指社会领域新时代所需要的新面貌和新作为,因而适用绝大多数领域。"创新创业创造"重要论述"打通从科技强到产业强、经济强、国家强的通道"。

创新是推动生产力的最活跃、最原始的动力,生产力的发展必然引发生产关系和上层建筑的变革,最终推动社会进步。创业是由创新所牵引的,主要作用于经济基础。创造发端于生产力领域中的高附加值创新创业劳动,作用于推动经济增长和社会进步的所有要素的崭新整合。创造也是个体求新求变思维的开端,所有个体的创造精神更是指涉民族精神重塑、社会发展理念更迭等上层建筑,因此它是涵盖各个层面、内涵最为广泛的一种活动。创新驱动发展,创业激活经济,创造提升价值并塑造新的时代精神。习近平总书记关于"创新创业创造"的重要论述是有机的思想整体,必须深刻把握其丰富的时代内涵,汇聚"创新创业创造"的强大动力,努力推动中华民族伟大复兴及中国梦的实现。

二、创新创业教育现状

(一)国内创新创业教育现状

2010年,我国教育部把创业教育名称改为"创新创业教育"。"创新创业教育"是以培养创新创业型人才为目标,高校通过创新教育理念和改革人才培养模式,强化对大学生创新创业意识、精神和能力教育培养的方式和过程,从根本上提高人才培养质量,为国家和社会输出创新创业型人才。

清华大学是亚洲最早举办校园创业赛事的大学，也是我国最早开始建设系统的创业课程的大学，在国内相对具有很好的创业教育传统。清华大学坚持原有的教育科研标准，做好通识和专业教育，通过课程、讲座、赛事活动、因材施教计划等方式培养学生创新创业精神与能力，以期学生普遍具有创新创业精神。清华大学近年来正在建立大学—企业—政府协同合作的创新创业生态系统，改革传统的"课程—赛事"教育模式，进一步提升原有教育质量，并引入风投驻校，鼓励创业实践与实习，与地方政府签订一系列合作协议，逐渐形成了清华新的创业教育模式，其中"清华创+"尤为典型。"清华创+"通过讲座、沙龙、在线课程、嘉年华等方式进行基础的创业教育。对于有志于从事创业活动的学生，"清华创+"则通过汇集学校、企业和政府的资源，提供跨越产学界线和专业界线的各类创业教育平台，根据一般创业过程，全过程教育，全过程匹配，通过创业实习、创业SRT、种子基金和路演、对接落地等方式，让学生在校期间就可以真刀真枪地在干中学。通过"清华创+"平台，大学、企业、政府在培养创新创业人才的共同长期目标下，发挥原有职能，优化资源配置，形成紧密的合作网络，解决现有问题，提升创业教育质量。

同济大学在其创新创业型人才培养上做出了积极的探索和实践，形成了包括理论与实践相结合的教育、实践基地建设、软硬件支持的孵化平台建设、浓郁的校园文化氛围和"官产学研结合"与"三区联动"特色性的创新创业教育模式。

南京大学将通识教育与个性化培养相融合的理念融入"三三制"人才培养体系中并贯穿本科四年教育的全过程，构建了包括训练、竞赛、成果孵化、创新创业课程、讲堂为主要内容的"五位一体"创新创业教育体系。

浙江大学通过教学体系改革（改变教学观念，变革培养模式）、创业实践探索（探索创新实践，激发创新意识）、内外资源整合（整合内外资源，形成"资源+"），以学术研究、服务支撑机构、学生社团和活动竞赛为支撑，以政府、企业孵化器和风险投资机构等构建多层次全校性创新创业教育模式。

（二）国外创新创业教育状况

国外一直重视对创新创业教育的研究，研究的起步时间和相关的实践活动都开始得比较早，一定程度上取得了重要的成果，研究也已经到了比较成熟的阶段，研究内容涉及教育理念、培养机制、课程体系、教学模式等多个方面。

1. 美国

美国对创新创业教育的研究处于世界领先的地位。20世纪40年代末期，美国哈佛大学、百森商学院、斯坦福大学等先后尝试为学生提供创新创业教育活动，并且这一教育活动被称作本国经济进步的直接推动力。在美国，创新创业教育对整个社会的发展都起着重要性及不可替代性，逐渐被视为国民基础教育组成部分，并被贯穿到小学到研究的全过程中。同时很多高校开设了相关课程。

麻省理工学院自1861年创校以来，一直享有鼓励创业的声誉，开创了创业型大学的先河，创业精神诞生于创校之时，"手脑并重"是该校校训。该校开创了基础研究和教学与产业创新结合的模式，形成了大学、产业、政府三方密切协同的合作关系。

斯坦福大学是世界领先研究型大学之一，以创业精神闻名，是美国智力最活跃、文化最多元的地区之一。斯坦福大学创业研究中心于1996年创立，其创新创业教育实践项目主要由商学院、工程学院和普拉特设计学院提供，其创业教育方法是课堂前沿理论和现实世界专业知识的有机结合，课程模块由创业基础课、体验式课程、功能性课程、行业特定课程、社会创新课程组成，授课团队由斯坦福大学的教师和经验丰富的企业家组成，形成了包括商学院、工程学院、医学院、创业俱乐部等在内的动态网络组织的成熟创新创业生态系统。

2. 英国

1987年，英国对大学生教育工作的重视程度日益提升，尤其是到了20世纪80年代末期，英国政府提出在全国范围内实施高校创业计划（EHE），对大学生创业教育给出了指导意见，鼓励大学毕业生创业，并且在各大高校内加强创新创业教育。到了20世纪90年代末期，英国建立专业的创新创业教育管理与实施的科学创业中心（UK-SKC）。英国非常重视创新创业教育的实践，通过建立创业园区和开展企业实践活动来补充课堂理论教学。通过建立创业园区，整合政府和企业等社会资源，积极为学生提供理论指导和场地支持。鼓励成功创业企业走进创业园，为学生传授创业成功的要领，同时营造真实的创业环境。除了建立创业园，创业实践计划也是英国创新和创业实践教育的重要组成部分。

目前，英国高校创业教育课程主要分为两种：一种是"关于创业"课程，是为了让学生能够系统掌握创业的理论、观点和技能的课程；另一种是"为创业"课程，是与创业活动直接相关的课程。"关于创业"课程通常以创业基本理论与技能作为编制依据，从创业相关领域中选取知识，编排课程，进行教学。"为创业"课程注重培养学生的实践能力，强调创业课程要与创业实际关联，最大限度地接近真实创业活动过程。广泛开展创业选修课是英国多所名校推进创业教育的重要方式。

伦敦商学院通过在MBA项目中设立创业选修课的方式拓宽创业教育的普及面。不仅如此，各种选修课程灵活多样，学生可以根据自己的兴趣进行自由选择，尊重了学生的主体性。除此之外，创业教育课程还会根据教学对象的不同，进行不同的划分，本科生、硕士生和博士生的课程内容和形式也不相同。通过这样的课程安排，有效满足了不同专业、不同学历学生的不同学习需求。

牛津大学创新创业教育的主要提供者为全球一流的商学院——赛义德商学院（Oxford Said Business School）。当前牛津大学的创新创业教育模式就属于这种从赛义德商学院衍生发展出来的新型互动模式。所谓互动模式是指在商业环境下运行，有着自身独特的创新创业教育理念，引导大学生积极利用社会资源，将企业和社会角色纳入创新创业发展系统并加以考虑，培养大学生掌握创业相关知识、学会创业行为和技能的创新创业教育模式。在赛义德商学院教师中，几乎百分之百的教师都拥有英国或美国如MIT、哈佛等世界顶尖高校的学历，其中百分之九十以上的教师在进入赛义德之前有着多年在银行做管理顾问，在世界500强企业任高层管理或顾问，在世界银行、欧盟、联合国等这些国际组织任职或自己创办经营公司等的相关经验。牛津大学在课程设置上，注重创新创业教育知识和其他学科专业的融合，开设了联合课程，如计算机、工程、化学与商业研究相结合的联合课程。课程的联合，既能让创新创业教育走向商学院以外的院系和学科，又可以使其他学科专业融进商学院的课程中来。同时，牛津大学也组织学生积极参加其他国家举办的国际性商业大赛，如"常青杯全球华人创业大赛"。学校成立了"牛津大学商业校友会"，为志于在商业领域发展的校友提供帮助。另外，还形成了由9个不同的网络组成的"牛津大学商业网络"，每一个网络都是牛津大学在校学生和校友共同主持运作，学生可以通过加入其中一个与自己创业兴趣相关的网络，为自己创造机会。

3. 日本

日本对高校创新创业教育也高度重视。20世纪末日本遭受经济危机后，引进创业教育并投入大量资源用于恢复本国经济市场发展，同时提出科技立国的理念，鼓励本国教育界特别是高等教育界强化科技作用，积极为高校学生开展创新创业教育，努力培养更具创造力的科技人才。

日本的创新创业教育是典型的"政府主导"的发展模式。"产—官—学"模式是日本教育的特色之一。"官"代表了政府对创新创业教育的支持，"学"代表了高校的创业教育，"产"代表了企业对创新创业教育的支持。日本政府通过这种模式，充分地调动了社会各界的资源。日本企业能够积极为高校学生提供实践基地，提供风险投资。同时，高校利用自身的优势，通过设立产学合作中心、产学创业教育中心等途径，为企业提供技术和管理方面的支持。

(三)国外创新创业教育对我国的借鉴和启发

1. 高校层面:完善培养机制

(1)良好的创新创业校园氛围。校园文化对学生起着潜移默化的作用,要想拥有良好的创新创业教育环境氛围,离不开良好的校园创新创业文化的熏陶。研究发现,部分高校相继成立了创新教育中心或创新创业教育学院等专门负责学生创新创业教育的组织,这是一个很好的方向。另外,高校教师需具备创业教育的意识,在教育教学中不失时机地渗透创新创业教育相关知识;高校可以成立大学生创新创业协会等一些学生组织吸引学生踊跃参加,通过定期举办成功创业者交流座谈会、学生创新创业作品成果展和大赛等活动来渲染和营造创新创业氛围。

(2)完备的创新创业教育师资队伍。参考国外高校在创新创业教育方面的先进经验,我国高校需要完善创新创业教育师资队伍建设,要高度重视师资的选拔和培养。第一,师资选拔上。除了选聘创新创业教育专职教师,还需要引入多学科背景的教师拓展学生的创新性思维,同时也需要从校外聘请企业成功人士或某领域的专家等担任兼职教师,以其丰富的实践经验和工作阅历开拓学生的视野,并为学生提供多方面的指导。第二,师资培养上。教授创新创业教育课程的教师,既需要增强自身在创新创业教育理论方面的知识并提高教学能力,也需要学校制定相应的措施激励他们深入企业了解企业运作和行业发展的实际情况,与企业中的成员多交流。

(3)完善的创新创业教育课程体系。首先,创新创业教育课程的设置应与学校的人才培养目标相一致,把创新创业教育内容融入教学大纲中,同高校发展的长远目标相关联。其次,高校应组织专业权威人士(可考虑校内外师资合作参与)开发创新创业课程体系,将高校创业课程作为必修课程进行学习。再次,课程内容设置上除了开设专门的创业课程,应增加包括文、理、工科等有机结合的综合性课程和跨学科、跨专业、活动类课程。最后,可依据能力需求设计创新创业教育课程类别,如创新创业教育课程应该有基础课程、核心课程和实际操作课程等。

2. 企业层面:完善协同方式

(1)完善的协同人才培养模式。创新校企合作人才培养模式,校企合作不仅需要重视培养学生的实践能力,也需要回归到教学重视学生创新创业理论知识的学习。企业参与高校修订创新创业教育人才培养方案,参与课堂教学。如学校可以邀请企业中的专家和技术人员参与创新创业型人才培养方案的修订,人才培养方案可以有效地突出企业实际中的真实案例;参与高校创新创业教育课程的开发和课堂教学,让学生近距离地感受和接触企业中实实在在的案例。这样不仅能提高学生的创新创业能力，而且能激发他们的创新创业意识和兴趣。

（2）充足的资金支持。多渠道的资金来源可以保证高校创新创业教育的有效开展，高校除了政府和自身的资金来源外，也需要企业的支持。如企业应积极与高校合作共建互惠互利的创新创业教育实训平台和研发平台；赞助大学生创新创业竞赛和成果展的同时可以发掘优秀的人才或科技成果为自己所用；为大学生创业项目提供融资的同时也可以实现收益；参与天使投资或社会捐赠为自己赢得良好声誉等。

3. 政府层面：完善保障机制

（1）良好的社会创新创业氛围。政府需要营造良好的社会创新创业大环境氛围，如向全社会倡导创新创业理念、弘扬创新创业精神；让新闻媒体和互联网宣传创新创业政策和典型实践案例。可以对创新创业优秀代表给予表彰和奖励，通过宣传创业成功人士的事迹让大众熟知，发挥他们的明星性引领作用，激发更多人的创新创业意识和热情。

（2）完备的创新创业法规体系。我国可以借鉴发达国家的先进理念和模式，健全我国创新创业政策与法规。从政策引导、规范服务、环境营造等方面加强立法。如可以出台一系列涉及工商、税务等的政策法规，为大学生自主创业提供制度保障，保护他们自主创新创业的积极性，让他们能在激烈的市场竞争中真正锻炼出创新创业本领，推动大学生自主创新创业的持续、健康发展。

（3）充足的创新创业资金。充足的资金有利于保证创新创业教育的有效运行和创业实践的顺利开展。首先，中央政府需要投入充足资金支持高校创新创业教育教学的开展、科研和实践训练、平台建设、活动开展等，保障高校创新创业成果的顺利转化和为国家培养创新创业型高素质人才。其次，地方政府也需要适当的资金投入，因为不管是高校开展创新创业项目还是学生创业实践都有助于带动地方经济的发展。最后，刚毕业离开学校的大学生创业也需要引起政府重视，他们很容易因资金缺乏被迫放弃创业。因此，政府应担当起积极的作用，通过财政和社会渠道重点扶持大学生创业。同时，也要开拓各种创业融资体系，吸引风险投资，鼓励企业和个人通过资金援助的方式设立创业基金等。

第二节　我国对创新创业的支持

一、创新创业的条件分析

（一）创新创业的体制环境

1. 法律、法规支持体系

在市场经济环境下，法律作为调节社会成员关系最为有效、最为公平的工具，在规范以及保护创新创业方面有着重要的作用。现有案例表明，许多大学生在进行创业活动时往往对法律问题欠缺考虑，从而导致创业失败。例如，学生在创业时因为法律知识欠缺导致上当受骗，甚至违反法律的事件时有发生，令人心痛。因此，大学生在创业前以及创业活动中应当储备充足的法律知识。然而，现实中的创业宣传教育往往关注的是大学生的专业技能、创新思想、经验知识和资金支持等，而忽视法律教育，这不得不令人深思，也从侧面反映了法律对创业行为的作用没有得到人们的普遍关注。大学生要想使自己的创业活动长久进行下去并取得效益，必须学习、了解、遵守与之相关的法律、法规。例如，《知识产权法》《商标法》《劳动法》《反不当竞争法》等，必要时拿起法律的武器捍卫自己的合法权利和利益。

2. 良好的社会经济环境

随着信息技术和互联网技术的发展，全球经济已经连成一个整体，第三产业的发展已经是大势所趋，很多国家开始对经济结构进行调整，大力发展以知识密集和人才密集为核心的第三产业。我国面临着严峻的经济形势，经济的深层次矛盾凸显，经济体制改革不断深化，传统的"管理型经济"正在逐渐向"创业型经济"转变。推进创业进程并鼓励和引导大众创业，是适应经济社会发展的必然要求。习近平总书记在经济工作讲话中提出，市场一定要多元化，各种政策一定要覆盖全面，要积极鼓励创新，为各种主题的创新提供更好的政策、市场环境。政府倡导大众创业、万众创新，倡导创业型人才、创业型国家和创业型社会，对于大学生来说，现在是他们创业最好的时代。大学生是高端人才，拥有无穷的创新活力和动力，不仅创业成功率高，而且创新概率大。然而，完善的创业创新体系需要政府更多的呵护和扶持，政府要坚定不移地推进改革深化、经济转型，创立大学生创业基金，推广创业实训课，从资金、孵化、教育、服务等方面帮助、扶持大学生创业创新，释放大学生创业创新的巨大能量。

3. 合理的政府管理体制

随着我国商事登记制度的改革，政府对于市场的管制逐步宏观化，这种改革极大地扫除了创业创新过程中的诸多障碍和不利因素。我国对于国民经济的关键领域必须牢牢掌控，对于特定的行业进行定向的调控，为经济的发展增加持续的动力。同时，国家也不能放松对一些新创立企业的扶持，这些企业很多属于第三产业，具有拉动内需、增加国家税收、扩大群众消费面的作用。但是，企业在创立之初，往往面临更大的风险，这时，政府就应该努力创造公平、稳定的经济环境，减轻企业发展的外部阻力。政府通过简政放权，取消一些不必要的手段，为企业的发展铺平道路。

（二）创新创业的社会环境

1. 合理公平的市场环境

创业初期，大学生缺乏应对市场环境变化的经验，不能正确判断市场行为，所以，创造合理公平的市场环境，保护创业者的合法权益，就显得尤为迫切。创造公平合理的经济环境离不开市场和企业的共同努力。首先，企业在市场环境中应该做到诚实守信，增加企业的行业自律；其次，政府部门也应该严格执法，对那些违法乱纪的企业，应该严厉打击。总而言之，通过各种改革措施以及对自身职能的转变，抓住经济发展的关键因素的同时将市场逐步放开，有利于营造良好经济环境，为这些新兴的企业更好地适应市场提供更加充足的动力。打造法治政府，建设法治社会，营造公开透明的市场环境。

2. 宽松的企业发展环境

20世纪80年代以来，西方各国政府陆续对市场进行了放松管制。通过这一方式，市场更加灵活，企业可以根据市场环境及时进行调整。过多的行政管制会制约企业的活力，使管制的成本上升。所以，要给企业创造宽松的环境，赋予企业更大的自主权。

3. 良好的创业文化氛围

创业文化是指与创业有关的意识形态和文化氛围，立足于整个社会，主导人们创业的动力和思想。创业文化是近年来在市场经济条件下兴起的，包含了人们在创业过程中形成的各种思维理念以及价值观，并影响创业者的行为。企业家的诞生离不开良好的社会环境和文化氛围，创业文化内在地包含了社会对于创业、对于知识的认可，有利于激发广大学生的创造力，培养自食其力的良好品德，用自己的双手实现人生价值。

(三)创新创业的个人因素

1. 较高的综合素质

创业并非易事,涉及多方面的因素,包括创业者自身的知识、见识、魄力等。创业的基本素质包括创业者在创业、竞争方面的能力和意识,创业者要想实现创业,必须在专业、方法和社会能力上有一定的特长,这三种能力是制约大学生创业的最主要因素。创业知识和创业能力可以通过教育培训来弥补,创业精神的培养尤为重要。

在激烈的竞争条件下,大学生必须提高自身全方面素质,扩大自身知识面,具有良好的专业素质、价值标准、创业精神和创业思维。作为创新型人才的大学生,对未来国家创新经济的发展起着至关重要的作用。

2. 不断追求创新的精神

除了具备较高的综合素质和专业知识外,大学生创业者还要有创业素质。比如,社会适应能力,把握机会的决策能力,具体操作的实践能力,组织管理的协调能力,敢于承担风险的能力等。

创新意味着破旧立新,这是一个民族、一个国家持续发展的动力,也是每个创业者应当具有的品德。创新精神提倡不拘一格,但是这种不拘一格必须受到一定价值观的限制;它提倡独立思考,但并非不听取别人的意见;它提倡勇于突破,不怕犯错,但并非对犯错的鼓励;它提倡大胆质疑权威和现有的经验以及认识,但并非是完全不吸取前人的精华,我们在质疑的时候需要有依据。

二、国家支持大学生创新创业的原因

(一)国家支持大学生创新创业的必要性

1. 缓解就业压力

随着我国人口总数的增加,就业岗位数量和人口数量的增加不相协调,导致社会各界的就业压力不断增加。在这种情况下,创业成为很多人新的选择。创业是创造新的劳动岗位的过程,通过创业能够缓解当前严峻的就业压力,积极鼓励创业有利于推动创新,加快我国建设创新型国家的步伐。

(1)营造创业型社会氛围,引导大学生转变就业观念。创业教育和培训对创业技能的提升有着关键性作用。加强创业教育体系建设,以广播、报纸、网络为媒介,使更多的人接受创业知识的教育。对各种培训资料的整合,使参与的主体更加多元化,各种类型的职业和技术学校的加入大大增强了创业教育的师资力量。同时，采取各种措施，鼓励各种具备教学条件的培训机构的设立，有条件的还可以整合这些培训力量，形成规模化的创业培训基地，并通过各种反馈和评价机制的建立来提高培训的效果。在普通高校开展创业教育，并开设创业课的选修课和必修课，纳入学分管理，积极推广成熟的创业培训模式，鼓励大学生参加创业课的学习，提高创新能力，培养创业精神。加强宣传和舆论引导，要充分发挥电视、报刊、广播、互联网等媒体在营造创业文化氛围方面所发挥的作用，根据成功的典型事例，宣传创业文化，鼓励创新、支持创业、褒奖创意、崇尚创造，逐步改变人们的传统观念，提高社会对创业的认同度，强化知识产权保护，努力营造政府鼓励、社会支持、个人勇于实践的创业氛围。

（2）拓宽创业就业渠道，提升创业空间。引导和促进中小型企业、"互联网+"企业等新兴行业企业的快速发展。实施大学生返乡创业工程，鼓励广大毕业生顺应沿海企业辐射带动的趋势，发展相应的配套产业，利用充足的劳动力，发展以劳动密集为特征的加工业，通过对产业的内容进行合理的划分，从而使创业更有目的性和适应性。积极鼓励大学生发展多元化创业思路，在行业的选择上下足功夫。结合不同地区的优势，发展具有地方特色的农业经济，以绿色化、高效化、生态化为核心，既满足人们对健康产品的需求，又有利于吸收农村富余劳动力，促进当地经济的发展。

2. 促进经济社会发展

如今的创业浪潮一浪高过一浪，经济的发展重心已经由原来的"传统型"变为"创新型"，创新型经济融合了知识、管理、技术、资本等关键因素，通过在制度、理论、管理过程等方面对原有的机制进行改进，从而建立以创新为导向的新型经济形态。目前，各国都高度重视创新型战略的发展，历史的发展证明，美国、日本等发达国家都是通过创新推动经济的高速腾飞。因此，我国必须抓住机遇，紧跟潮流，大力实施创新型战略，加快经济的发展。

在发展进入新时期、经济进入新常态的今天，创业对经济社会的发展起着决定性作用。创业是打开创新空间的不二法门，一次成功创业，孕育、壮大的不只是一个企业，有可能是一个产业。新型产业发展的同时，传统产业也得到了转化升级。以发展的眼光来对待这个问题，一些企业通过创新取得了成功，改变了原有的行业格局，将创新融入了行业的发展中，在加强了行业竞争格局的同时，也在无形中普及了一种创新理念，从而鼓励更多企业进行创新，有利于建设创新型国家，提高经济发展的速度和质量。要想在未来发展成为经济强国，关键就是将创新创业精神融入社会各领域中，推动经济社会全面发展。

3. 加快创新型社会建设

创新是企业的核心竞争力所在。目前，我们国家是世界制造大国，还没有从"中国制造"转变为"中国创造"，要想长远发展和提高国家实力，就是要在制造大国的基础上向创新型国家转变。在创业的过程中，创新的作用不可或缺，创业有利于创新意识的培养。创业带动创新，创新成就大业。当前，我国处于全面建成小康社会的关键阶段，为了进一步完成这一目标，必须通过创新带动创业产业，更好地发挥我国创新型人才在经济发展中的动力，将个人梦想和国家梦想联系在一起。创新是引领发展的第一动力，实施创新驱动发展战略是我国发展的迫切要求，必须摆在突出位置。我们要培育创新型主体，比如，创新型人才，通过新的主体来提高生产力，实现经济增长。

（二）支持大学生创新创业的依据

1. 政策依据

聚集创新创造之才，要营造识才、纳才、聚才的良好生态环境。创新要求更具竞争力的人才集聚制度，完善有利于创新创业的人才发展政策体系，进一步优化创新创业的综合环境。各地推出了各种激励政策，整体环境布局，实现人才的培养和体制的革新创新相结合，不断提高人才队伍的素质，加强知识产权的保护，建立知识密集型、创新机制开放灵活、创新活力竞相迸发的国家人才改革试验区。

完善创业政策体系，提高创业成功率和创业存活率。其中，要以财政资金支持、贷款担保、税务减退以及相关硬件设施的保障等帮扶性政策作为政策体系的完善要点。增加财政支持力度，建立创业专项扶助基金或创业发展资金，引导和支持创业人才的初期工作、相关设施的建设以及用于创业者融资的贷款贴息补助等。对那些刚开始起步的创业企业，政府应该给予一定的税务减退优惠政策。同时，适当减免个人创业者、规模较小的创业企业的税金，对那些在提升社会就业率方面有重要作用的企业更应该给予一定的税务优惠和财政补贴，激励创业企业的积极性。

对大学生创业给予特殊优惠政策，特别是资金上的优惠政策。减少登记、管理的收费，降低创业成本。鼓励金融机构创新企业融资方式，为大学生创业企业提供坚实的资金保障。建立起完善高效的贷款政策体系，精简贷款的业务流程，从而提高大学生创业贷款的积极性和效率。完善科技创业公司的贷款担保相关工作，鼓励私人资本为这些公司的发展增添助力。

2. 理论依据

（1）创业型经济。自20世纪60年代初开始，美国经济的持续快速增长主要依赖于大量创新型企业的成长,尤其是中小型公司的快速发展。美国著名管理学家首先明确了这一经济发展态势,并将依靠创新事业发展带动社会经济繁荣的经济现象命名为创业型经济。创业型经济作为一种全新的经济发展模式,其主要建立在大量新产生的产业、行业的基础上,具体表现在发明专利的数量增加、社会范围内创业行为增加以及中小型创新公司林立。

(2)达布森和凯伦从保障和改善创业者的生存环境的角度出发,提出了关于保障地区创业活动的六项具体政策:开展创业宣传和教育、设立创业者团队、分析和提出创新优势、提供财政资金支持、完善信息化建设和基础硬件设施建设等。伦德斯特伦和史蒂文森将创业政策理论的结构要素归纳为动机、能力和机遇,并以此建立起创业政策体系,这个体系涵盖六大方面:营造创业文化氛围、开展创业宣传和教育、降低进入难度、提供财政支持、完善金融环境以及刺激外部目标。以此为基础,二人于2005年提出了一个关于政府创业政策体系的完整的架构。

(3)新公共服务理论。该理论是在对传统政府公共行政的批评和新公共管理思想发展的基础上提出来的,其实质是对政府强调公共管理"3E",即经济、效率、效益,强调社会的民主以及政府行政为公民服务的思想。新公共服务理论提倡政府规划更具有前瞻性和可预见性,同时在具体决策执行时要考虑民主因素。实施重点在于民众广泛参与以及基层社会管理和建设,通过民主决策,政府能够高效、高质量、负责任地完成公众需求的社会建设以及管理。同时,新公共服务理论认为以简单的市场效率作为评判公共管理的标准过于简陋,并且忽视了政府的社会责任,政府管理不仅要有效率、有效果、更节约,还应当考虑社会文化、社会道德、社会责任以及公民的综合权益。

3. 现实依据

近年来,我国逐步形成较为完善的政策网络,极大地促进了全面创业的热潮。相关领导人多次在讲话中指出了创新对经济发展的重要作用,创新是激发市场中各个要素的重要动力,因此,必须从政策上扫除阻碍创新的不利因素。当前由于经济结构的不断调整,科技创新正在和诸多行业进行融合,创业所激发的经济发展中的活力是史无前例的。在互联网经济时代,信息的传播速度加快,各种想法和思路相互碰撞,极大地促进了创新。

现在,创业被越来越多的大学生视作一种就业选择。在信息化和传统产业互相融合的背景下,他们运用自身掌握的专业技术和知识结合信息技术,设计出许多令人耳目一新的产品,其中不乏有商业前景不错的产品。对于从事这项活动的大学生,创新创业日益成为其生活中不可或缺的一部分,也是其人生中的宝贵经历,对其日后的成长有着非常重要的作用。

在创新创业普遍兴起的背景下,政府机构应该准确把握自身的定位,发挥自身的优势,为方兴未艾的基层创业人员和公司提供助力,使其在市场环境中健康成长,成为经济新常态下支持国家经济发展繁荣的重要推动力。大学生拥有专业知识、饱含工作热情,是实行国家创新驱动发展战略、引领全民创业的主力军,要敢于投身创业活动,锻炼自己的实践能力,从而充分发挥自身的知识价值。

三、国家支持大学生创新创业的措施

(一)实施全面的创业教育

1. 在创业教育方面开展多方联动项目

创业教育不仅是高校的事情,其他相关部门也应按照本身的职责为大学生创业提供支持。各个有关部门已经从各自的角度,对大学生创业展开了有效的创业教育。

除高校开展的创业教育项目,政府职能部门以及相关社会组织也举办了一些教育创业项目。北京市人力社保局依托全市重大项目,建设了一些创业实训基地,不仅为参与培训的大学生提供了实训的岗位,并且安排一些有管理经验以及技术特长的人员来带领这些参训人员,在实训中切实有效地提高他们创业的综合素质以及创业能力。

2. 提供财政支持

大学生创业,有激情、有想法,但往往受制于资金,因为大学生在创业之初很难有足够的资金,这对于初创大学生来说是一个很大的困难。因此,资金问题是他们最希望得到解决的问题。创业发展公益基金邀请行业专家及金融机构,制定相关项目筛选机制,对具有可行性及发展潜力的优质项目给予资助。基金将联合金融机构开展项目路演、对接活动,为了支持大学生创业,鼓励民间金融资本投资,提高对大学生创业金融服务的实力。为大学生提供各种金融和财政服务,加大扶持大学生创业企业。同时,金融机构在注重经济效益的同时兼顾社会效益,通过对这些新兴企业进行审查,对那些具有发展潜力的企业给予更多的关注,通过对各种审批制度流程的简化,来加大支持力度。利用纯信用、无抵押的贷款方式为创业大学生提供资金支持,通过资金支持,解决大学生创业问题的"最后一公里"。

整合各种社会资金,吸收更多的社会资金进入创业领域,尤其需要发挥民间团体、社会组织的作用。这些私人组织可以通过设立专项资金的方式给予创业企业资金支持,让这些资金在创业过程中创造更大的价值。

（二）建立促进创业的服务体系

1. 高新产业园区

通过不断优化众创环境，激发全民创新创业热情，全力打造"众创之区"。优化大众创业环境，培育创新创业沃土，打造示范创业园，建设创业孵化网点，为创业大学生免费提供办公场所，并提供和创业有关的服务。

2. 企业孵化器

20世纪50年代，美国开始尝试企业孵化器模式，目的是解决大量失业人员的就业问题。用一家倒闭公司的旧厂房作为中小企业的办公场所，帮助中小企业成长，以解决再就业问题，并取得了比较好的成果。从此，各种各样的企业孵化器应运而生。

企业孵化器能够带动高新技术产业发展，培育中小科技型企业，振兴区域经济，培养新的经济增长点。对于大学生来说，进驻最为方便、条件最为优惠的企业孵化器，应该是大学企业孵化器。大学企业孵化器与普通企业孵化器相比，由于其服务对象不同、兴建的主体不同与所处的环境不同，而具有其他孵化器不具备的优势。

（三）为创业者提供资金支持

1. 创业创新基金

为了鼓励人们追求自己的事业，国家出台了许多鼓励支持创业的政策，这是风险投资基金的来源。随着经济社会的发展，政府对创业的支持，支持产业的覆盖率有了很大提高，政府支持的基金产品也逐渐增多。例如，科技型中小企业技术创新基金、中小企业国际市场开拓资金、风险投资基金等，为更多中小企业提供资金和支持。

为了解决初创企业资金困难的问题，创新创业基金最大限度地发挥它的作用，加大创新创业基金在企业的投入。

鼓励众创空间、企业孵化器等与创业基金、风险投资的合作，支持金融机构改革创新，引导金融机构对企业在各个成长时期的扶持，加大投融资力度，增强企业信用，使金融机构和创业企业能接收到一致的相关市场信息，提供金融服务的完整生命周期。

2. 落实金融支持政策

为了满足大学生创业，国家积极制定有关政策，对初创企业提供资金支持。例如，简化贷款担保审批、降低企业贷款利率等。

第三节　大学生创新创业教育的现状

一、我国大学生创新创业教育现状

（一）创业知识经验缺乏

创新创业教育的主要目的就是提高学生的创业能力，让他们有创业的意识，做好规划。近些年，各部分高校虽然根据要求，开展了创新创业教育，但是，有些形同虚设，实际的效果并不理想。在校大学生创业，即在校就读的大学生在学习期间创办事业的行为。大学生创业作为目前解决就业困难和大学生实现自我人生价值的一个途径，得到政府和社会各界人士的肯定和鼓励。

首先，知识限制。创业需要管理、市场营销等多方面的丰富知识，但目前许多大学生创业者基本不具备这些专业知识，有些甚至无法把自己的创意准确而清晰地表达出来，缺少个性化的信息传递；对目标市场和竞争对手的情况缺乏了解，分析时采用的数据经不起推敲、没有说服力等；特别是对创业的基本常识缺乏了解，如注册、贷款、办理各种工商手续、相关的法律常识等知识不了解，甚至无从着手。这些无一不反映出大学生创业知识的缺乏。

其次，缺乏经验。大学生往往缺乏社会和职业经历，尤其缺乏人际关系和商业网络。有理想与抱负，但"眼高手低"，在创业过程中除了"纸上谈兵"之外，对具体的市场开拓缺乏经验，由于受年龄及相应学识的限制，大学生也很难拥有关于创业的直接经验与间接经验。

（二）创新创业的能力不足

大学生创业是教育发展的客观要求。自1999年高校扩招以来，大学毕业生数量逐年增加。全国高校毕业生人数不断攀升，就业形势日益严峻。随着就业压力日益增大，越来越多的大学生被推上了自主创业之路。然而，梦想与现实的差距也是很明显的。大学生创业在我国还是新生事物，出现的时间不长，实践成功的案例不多，理论上的成果更少。据不完全统计，中国整体的创业成功率基本达到30%，而在创业大军中，大学生创业成功率仅为2%~3%，只占到了成功创业企业的一成。从大学生创业低成功率来看，大学生创业确实还存在一些问题：创业知识、经验缺乏，创新创业的能力不足，创业资金匮乏，创业心态不端正等。

创新创业的能力不足表现为缺乏经营管理能力，如社交能力，搜集信息、处理信息的能力，发现机会、利用机会、创造机会的能力等。大学生创业成功率低，一个重要原因就是忽视了创新。很多大学生只看到他人成功后的表象，不顾时间、地点的差异，盲目照搬照抄别人的经验，结果"画虎不成反类犬"，自己的优势没有得到充分发挥，步他人后尘。在应试教育模式下，教师习惯于"满堂灌""一言堂"，学生习惯于知识的接受和模仿，而缺乏创造能力和创新意识。

1. 创业资金匮乏

大学生创业风险较大，较难获得必需的资金。一方面大学生有好的创业计划，但苦于没有启动资金，因而迟迟不能展开创业活动；另一方面也有一些学生已经创业，但由于缺乏资金，抗风险能力减弱。而且一般在获取资金方面也存在两种问题：一是急于获得资金而不惜贱卖技术；二是过于珍惜技术而不肯做出适当让步。"巧妇难为无米之炊"，没有资金再好的创新技术也难以转化为现实的生产力，资金是学生创业要翻越的一道门槛，许多项目苦于没有资金而无法正常运行。

2. 创业心态不端正

大学生创业往往是冲动、不理智的，没有一定的"风险意识"，在几次挫折之后，不能承受住风险和失败，而选择退出；创业意志薄弱、情感脆弱、缺乏自信、逃避选择的"心理病症"；在创业之初，一定以利益最大化为终极目标，凡事追求利益；缺乏艰苦创业和求真务实的精神，沉不住气，耐不住寂寞，不甘于从基层起步。

（三）各类因素的制约

1. 起步晚，起点低

应用型院校的前身大多是高职、师专，本科办学历史较短，办学条件、师资力量、教学体系以及文化内涵与老牌本科院校相比不具优势。因此，相比于国内一些重点大学，应用型本科院校不仅在创新创业教育方面的基础上落后，而且受到办学资金、政策支持、师资力量等方面的制约，导致发展缓慢。

2. 资金和政策制度保障不力

大部分应用型本科院校创新创业教育，并没有形成一套完善的政策制度保障其运行，而相关部门对于创新创业教育这种不能起到立竿见影效果的活动资金投入不积极。缺乏政策制度的保障和资金的投入，创新创业教育发展自然变得缓慢。

3. 教育形式及内容创新不够

应用型本科院校顺应形势，在创新创业教育方面进行了积极的探索和实践，有些高校还形成了自己的特色经验和模式，但总体上，在教育的形式和内容的创新方面还存在诸多问题。一方面创新创业教育的形式主要采用课堂讲授、专题讲座等灌输式的传统教学手段和方法，这种教学形式以完成教学任务为主，不受学生欢迎，起不到明显成效；另一方面创新创业教育的内容偏向于政府各类政策、创新创业的基本理论和案例分享等，学生缺乏体验式的学习环节。

4. 发展不平衡

应用型本科院校与综合性重点大学相比，学科、专业的数量较少，很多以经管类、工科类专业为主的院校，因为学科与创新思维更加贴近，很早就开始有意识地培养学生的创新创业意识，因此在创新创业教育上也起步较早，发展更快。比如，浙江万里学院提出了"育创新型人才，建创业型大学"的办学理念，早在2010年以前就创立了校园孵化基地，设立了基金，还开设了创新创业相关课程，毕业生创业率也是连年攀升，2010年被教育部确定为"创业教育实验区"。而大部分应用型院校创新创业教育效果并不尽如人意。

5. 师资力量不足

应用型本科院校在创新创业教育师资力量的准备上不仅数量不足，而且大多数教师虽然拥有较高的学历，但缺乏在政府、企业等实务部门的经历和锻炼，知识结构也很难符合理论和实践的全方位要求。

6. 缺乏实践平台

应用型本科院校由于资金投入、制度保障不到位，在创新创业教育的实践平台建设上投入力度不够，校内孵化基地建设不完善或利用率不高，同时缺乏校外的实践基地。学生往往停留在理论层面，缺乏实践平台的历练，这是创新创业教育实效性低的重要原因。

二、大学生创新创业教育的模式及特征

（一）大学生创新创业教育的模式

1. 独立式

独立式是指将创新创业教育单独列为一门课程，按照创新创业教育的目标，进行系统的课程设置，形成系统的教学内容，固定教学课时，稳定开课方式，目的明确，有步骤、有计划、有规律地实施创新创业教育。

2. 渗透式

渗透式是指将创新创业教育的有关因素渗透到专业教育的课程体系中，在不打破原有教学计划和秩序的基础上，在专业教学过程中潜移默化地将创新创业教育渗透、贯穿其中。

3. 校企合作模式

应用型本科院校发挥其校企合作的优势，与企业拓展合作关系，开展多样化的创新创业教学和实践活动，让大学生充分感受企业精神、了解企业运作，通过企业这个真实的舞台得到实践的历练。

4. 复合式

复合式是指创新创业教育与专业教育既相互融合，又相互独立，在制订人才培养计划的时候，将创新创业教育与专业教育统一考虑，在思想上相互融合、相互协调，在具体课程设置上，单独设置创新创业相关课程，将创新创业教育与专业教育有机地融合在一起。

（二）大学生创新创业教育的特征

1. 培养目标的应用性

应用性是应用型本科高校的特色和优势，"应用"也是专业设置的核心思想，这就决定了应用型本科院校必须根据地方经济发展的实际需求，突出"应用"的指导思想。应用型本科院校的创新创业教育也充分考虑到了这点，其专业设置和课程体系建设根据地方行业的发展不断进行相应的调整，再将创新创业教育与专业课程相融合，两者相辅相成，最终实现人才培养目标。

2. 课程设置的复合性

应用型本科教育培养的人才是复合型人才，学生不仅要有扎实的专业基础，还要具备较高的人文素养、科学精神、道德和心理素质、创新精神和团队精神等。因此，应用型本科院校在课程设置上充分考虑这些因素，而有了创新创业教育课程的融入，进一步丰富和完善了课程体系。同时，由于众多学科的交汇融合，也给创新创业教育提出了更高的要求。

3. 价值取向的行业性

应用型本科院校的共同特点是服务区域经济，注重为区域行业发展提供高层次人才，其价值取向体现了行业性：一方面，应用型本科院校多依托于地方政府的支持，是为了满足地方经济发展而建设发展的，因此，学校在发展创新创业教育的过程中，要充分考虑将创新创业教育与地方行业相结合，立足于地方行业，培养行业急需的人才，主动与地方行业对接，为地方经济发挥积极的推动作用；另一方面，地方政府在制订教育改革、人才发展等战略性计划时，结合行业特点，出台相关政策措施，服务地方经济发展。

4. 培养过程的实践性

立足于地方的应用型本科院校与地方企业经常性开展校企合作、产学研合作等，联系密切。在创新创业教育活动中，也充分利用这一资源，在企业建立了很多校外实践基地，达成了多项合作项目，开展了一系列合作活动，为学生创新创业教育的实际应用提供了广阔的平台。

三、大学生创新创业教育的问题分析

（一）大学生创新创业教育存在的问题

1. 创新创业理念认知不清，学生创新创业意识淡薄

创新创业教育在我国发展历史还不长，创新创业教育的内涵尚未形成一致的观点。问卷调查结果显示，对创新创业理念认知偏差主要表现在以下几个方面。

（1）教育教学活动仅限于理论知识的传授，忽视对创新创业素质的培养，或者实践活动流于形式或只针对部分精英学生，没有真正达到全面提升学生创新创业能力素质拓展的终极目标。

（2）没有认识到创新创业教育的内涵和意义，误以为创新创业教育就是教学生开"公司"或者是"颠覆传统"，曲解了对创新创业人才培养的定位。

（3）认为创新创业教育的开展意义不大，是学生毕业以后的事，是就业问题的下下之策，只是极少数人的事。

（4）社会对创新创业教育认同度不够，不轻易冒险，害怕失败，对有创新创业的想法毕业生不够理解和包容。

另外，高校学生普遍还是非常关注未来发展的。部分非重点高校学生对自己所在的学校比较缺乏认同感，学生自身存在缺乏自信心、信息滞后、盲目行动和设计规划、执行力低下等不足。一部分学生家庭条件优越，起点高；另一部分学生经济困难，压力大；更多的学生缺乏目标，盲目跟进。以广东培正学院为例，针对样本毕业后的选择来看，有64%的样本选择就业不成功才创业，而直接创业的群体仅为7.9%。这也说明学生很想学习创业知识，但并没有直接打算创业，而是为之后做好准备，是就业失败后的第二选择。由此可见，学生创新创业意识是比较薄弱的。

2. 创新创业教育师资力量薄弱

由于创新创业教育在我国还处于发展的萌芽阶段。为人师者"传道、授业、解惑也",首先教师要有创新创业意识,才能引导和培养学生这方面的兴趣、意识和能力,常言说弟子的修为得靠"师傅领进门"。然而,这方面的师资力量较为薄弱,没有一支优良稳定的创新创业教育教学科研队伍。虽然绝大部分教师是研究生、博士,但他们也是走出校门又迈入校门,知识较丰富,但缺乏创新创业的经历和经验,没有参加过一线的实际锻炼,没有接受过系统的培训,更不具备实践指导能力,这就造成了在教学过程中只会理论说教,理论和实践严重脱节,甚至滞后。薄弱的师资力量,加上教学内容和模式几乎是围绕着单一的理论层面,教师队伍实际情况难以适应形势需要,更加难以达到创新创业教育的最终目的。

由于主客观条件的限制,我国大学生创新创业成功比例很低,实践效果很不理想。据不完全统计,中国每年只有约1%的大学毕业生走向创新创业之路,而美国有30%左右,日本有18%左右。这些数据说明,我国大学生创新创业率远远落后于教育发达国家。调查结果显示,在创新创业教育实践环节无法得到有力保障,实践结果自然很不理想。我国教育形式主要以课堂教育为主,而仅有的课外创新创业教育实践活动主要体现于活动本身的开展,其活动效果得不到保证,通常是在校内组织几场创业演讲或举办几次技能大赛而已,而且只有少数同学参加;极少有面向全体学生的校外实践,即使有,也往往流于形式,达不到实践教育的效果。在创新创业教育实践上,指导思维局限于"天马行空"和"纸上谈兵",教学质量得不到保证,而且创新创业教育过程与实践活动和市场结合的活动较少。受种种条件的制约,各高校的创新创业教育发展水平不平衡,差异显著。实践结果不理想的原因主要在于实践教学体系不完善,缺乏配套的实践类课程,没有相对稳定的实践实训基地,没有有力的支撑,这些都将会限制实践活动向校外拓展。

3. 学校对创新创业教育工作重视度不高

在我国高校中,虽然已有越来越多的高校开始意识到对学生进行创新创业教育的重要性,且也已相继开设了创新创业教育课程,但是,从总体的情况来看,对其重视及普及程度仍有待提高。大部分高校,只是停留在开设创新创业理论基础课程的层面上,存在授课流于形式的问题,这是缺乏成熟的创新创业教育理念而导致的。

大部分民办高校没有专业化的实施创新创业教育的师资,一般由校内相近专业的专职教师担任创业基础理论类的课程。师资不足的情况下,由一些行政和教辅人员以兼课的形式进行授课,创新创业教育课程师资明显不足,师资问题是创新创业教育的瓶颈问题。创新创业教育是一个系统工程,创业教育具有较强的实践性,对于师资的要求非常高,既要求教师知识的复合性，又要求其在创业领域的专长性。然而，现有的高校人才引进制度和人事管理模式排斥或者难以吸引到众多优秀的创新创业教育师资投身其中。

4. 创新创业教育课程体系不够完善

（1）创新创业教育课程覆盖面狭窄。我们期待接受创新创业教育的学生日后走向自主创业的道路，因此，会针对性地对某一部分具有创业潜质的学生进行重点培养。事实上，创业精神培养的不仅是学生创业的能力，更是学生主动寻找工作机遇的创新能力。因此，创新创业教育应当面向更多的学生，而不能局限于某些学生。

（2）创新创业教育课程质量不高。质量是高等教育的生命线，目前创新创业教育课程尚未形成统一的标准。一方面，大多数的高校在进行创新创业教育时，只停留在实务讲座或者创业大赛的层面上，理论教学知识"蜻蜓点水"；另一方面，高校只管"教育"，而不管"评估"与"反思"，一味地将知识灌输给学生，缺乏一套全面的衡量标准。这使学生无法直接接触创业企业，直观了解创业所需的素质及技能，同时更浪费了国家的教育资源，成为创新创业教育发展的瓶颈。

（3）创新创业教育课程的资源欠缺。创新创业教育资源主要包括高质量的教师队伍、专门的创业组织机构、充足的资金、成体系的法律法规的保障、有丰富理论并提供评价的各类创新创业教育期刊。这些资源使创新创业教育源源不断地得到滋养，也是西方发达国家创新创业教育成功的硬件保证。如果没有这些丰富的资源，即使有良好的创新创业教育环境、适合的创新创业教育土壤、前瞻性的创新创业教育理念，一切也只会是纸上谈兵。

（4）创新创业教育课程类别单一。一般民办高校只有创业理论类课程，创业理论类课程主要由金融、财务、法务等与企业运作密切相关的理论型课程组成。其目的是加强学生对创业背景知识的理解，在集中性的创新创业教育中激发学生创新创业的动力。创业实践类课程是对理论类课程的补充和加深。例如，企业见习等，这类课程能够让学生亲自动手参与互动实践，比起理论类课程，实践类的创新创业教育课程能够给学生提供实践平台，锻炼学生的主动性。创业实务讲座主要是聘请一些校外的企业家，定期或不定期地传授创业经验，讲授创业心得，让学生对创业有一个形象化的认识。因此，应该增开创业实践类课程和创业实务讲座。三类课程各有侧重，相互交叉，融会贯通。

5. 实践活动和实践基地无法满足教学的需要

大学生创新创业训练项目数量不多、质量不高、效率低；学生科研项目少；实验室建设滞后；实验教学基地建设数量不足，维护不好等，严重地影响了实践教学课程的开展，满足不了教学的需要。在这样的实践环境下培养出来的学生实践能力不强，实践基地的建设也跟不上时代步伐，导致学生学不到太多东西，也不愿意到实践基地去锻炼。

（二）大学生创新创业教育存在问题的原因

1. 传统观念约束

（1）管理者的传统教育观认为，高校只要使学生掌握了一定的专业知识和技能，走出校门后能找到一份适合的工作，就算圆满地完成自己的使命。因此，在对学生的就业教育中，只注重对学生择业知识与技巧的传授，而对学生在创业过程中所遇到的诸如创业程序、创业基本知识、创业中常见的问题及解决方法等则谈得很少，甚至根本不谈。

（2）教师的传统教育观认为，青年学生知识少、阅历浅，在经验、技术、人际关系等很多方面还不具备创业条件。因此，在大学生走出校门之前就指导他们如何创业还为时尚早，结果造成了绝大多数大学生在创业问题上出现了不想、不敢、不会创业的不正常现象。

（3）家长和学生的传统就业观认为，只要有大学毕业文凭，将来就会出人头地，就能够找到理想的工作。从而导致学生在大学生活中不注重自己综合素质的培养，一味地看文化成绩，重学历，不重视学习方法和创新创业意识的培养，只想毕业后能够找到一个安逸、体面、收入高的工作，从未考虑过自主创业。这都是典型的传统教育思想在作祟。

2. 教育资源严重不足

（1）教育人力资源不足的状况对我国创新创业教育的影响。教育作为一种培养人的活动，人力资源既可以体现在生产者上，又可以体现在生产的"产品"上。从广义上讲，凡是与教育有关的人士都属于教育的人力资源。从狭义上讲，教育人力资源主要是指从事教育工作和为教育服务的人员。就狭义的教育人力资源——教师而言，我国大学阶段的教师总量存在着严重不足的现象。按照"十五"计划中普通高校师生比例1：15计算，教师队伍的缺口将达11万人，我国目前部分高等学校的普通文化课教师尚且缺乏，更不用说在创新创业教育师资数量和质量上的保证了。

（2）教育财力资源不足。教育财力资源，即人们通常所说的教育经费。我国政府教育经费投入不足，不仅低于发达国家，甚至低于一些新兴工业化国家和同等水平的发展中国家，财力资源不足的状况直接影响我国教育的整体发展进程。虽然创业教育实施所需的财力部分来源于社会上的资金捐助，并非像义务教育一样全部由国家承担，但是国家也必须承担少部分创新创业教育费用。在我国目前生产力发展水平不高，现有教育投入水平较低的情况下，国家对创新创业教育实施的财力支持必然会十分有限。

（3）教育物力资源不足。教育物力资源就是人们通常所讲的"硬件"条件。在我国，由于教育内部各种支持系统的能力不足，特别是受教育投入等因素制约，我国还普遍存在办学条件差、教学基础设施落后、教育技术现代化程度较低等问题。物力资源是有效开展创新创业教育活动的前提条件之一，我国教育物力资源的不足必将对教学方式方法的选择产生巨大的负面作用，从而使教学的灵活性、生动性受到影响。

3. 学校缺乏成熟的创新创业教育理念

开展创新创业教育，学校对这项工作的重视度不高，说明高校对创新创业教育在新经济时期的战略意义缺乏明确的认识理解，对创新创业教育的开展停留在模仿学习阶段，缺乏创新创业教育的动力机制。原因在于很多高校对创新创业教育存在认识和实践上的偏差，创新创业教育未能发挥其应有的功能。没有感受到民办高校通过开展创新创业教育，提升大学生的创新创业能力促进就业后，对增强高校的核心竞争力所发挥的影响力。

部分高校未能将创新创业教育与学校整体工作很好地结合，创新创业教育机制尚未健全。创新精神在学校的顶层设计、整体计划和教学安排中还未能得到充分的体现。部分教学单位在具体开展教学工作过程中，实施创新意识不强，主动性不够，未能在实践中总结经验，成效不明显。

4. 学生对创新创业教育的认识不够

一些大学生创新创业意识薄弱的主要原因在于他们对创新创业缺乏深刻认识。目前的就业形势比较严峻，许多大学生打算通过追求更高层次的学历或者通过多拿几个证书等途径实现自己对成才与成功的渴望，因而他们把前途押在了考研、考证、考公务员、出国深造等方面，不愿深入了解创业现象和创业活动。

创新创业意识薄弱的其他原因：首先是学校自身条件限制，领导不重视，教师难培养；其次是民办院校地理位置决定其相对闭塞，难以形成区域创新创业的氛围；最后是高校教育虽以商科和文科为主，但还是以学历教育为其主要目的。创新创业教育虽然普及，但创新创业项目的设计孵化条件薄弱，吸引力小。这跟学校宣传力度、重视度有关，也跟学生的家庭环境和对严峻的就业形势不了解有关。高校的生源一般来自条件比较好的家庭，他们一般不会担心就业问题，对就业形势也不关心，因此他们在校期间很难积极地参与创新思维、活动的训练，不注重综合素质和创新意识的培养，这样导致毕业生就业竞争力更小，不利于自身发展和缓解社会就业压力的状况。

5. 创新创业教育课程尚未形成完整的体系

伴随我国的就业形势越来越严峻，我国高校的创新创业教育在课程方面有一定的增加，不过尚未形成一个完整的课程体系。普遍存在着课程不够灵活、课时相对较少、内容不完整等诸多问题。不少高校的创新创业教育一直是形式主义，只是将创新创业课程与专业课程的实践相互结合，利用创业讨论会、比赛等形式开展创新创业教育。大部分学生的创业设计一般也都是只为参加比赛，基本没有将其进行实际运作。而且各个学校的创新创业课程极少融入经济发展迫切需要的新办法、新工艺、新技术、新知识。很多高等院校将创新创业教育划归为选修的课程，进而导致创新创业课程覆盖程度较低。

创新创业教育教学质量不高的原因是现在大部分院校依旧使用单一的考试分数来对学生的学习好坏进行评价，但这样的方式并不适用于创新创业课程的综合评定。对于创新创业课程的评定方式并不应当是单一的评价方式，而应当是从各个方面综合在一起去进行评定。评定应当包含各个方面，并且应该针对每个方面所占的影响比例对其进行评价权重的分配。创新创业教育应当以学生全方位的能力、精神和知识等各个方面为评价指标进行教学评估。因为教学评估未能提供很好的教学反馈结果，所以未能正确地引导学校和学生进行创新创业教育课程的学习和反思，导致教学质量得不到提高。

6. 社会创新创业环境限制

系统完善的创新创业教育文化环境，除了良好的校园文化环境外，社会文化环境也在很大程度上影响了大学生接受创新创业教育的主动性和积极性。因此，创新创业教育不仅是单纯的学校行为，而且还是政府、社会和学校的共同行为，它的实施是一项系统工程。社会传统文化惯性给大学毕业生在创业的人际环境上带来了负累，社会对创业的态度未形成支持、鼓励的氛围，这些外部环境因素对特别需要协作精神、创新精神和进取精神的大学毕业生存在较大负面影响。同时，对于政府层面，由于大学生并非我国现有创业大军的主体，工商、税务方面对高校毕业生创办公司虽有一些优惠政策，但从企业制度、人事制度、投融资制度上也未见对大学生创业具有很大帮助的特殊政策，还没有形成一整套支持大学生创业的政策和法规。

社会投资支持力度不够，创新创业教育基础设施不够完善，创新创业观念还没有深入人心，与之相配套的政策、法律体系还没有建立起来。有些措施治标不治本，对创业培训、商务支持等方面的实施力度还有待加强。在经济环境方面，大学生创新创业的启动资金融资困难、门槛高，阻碍了其在经济社会中的竞争力。

（三）大学生创新创业教育问题的对策

1. 转变传统教育理念

（1）变"适应性教育"为"创造性教育"。长期以来传统教育思想扼杀了学生的创造性，大学生不敢挑战，不敢表现个性。部分高校对创新创业教育没有予以充分重视，不能发挥创新创业教育应起的作用。高校肩负着时代赋予的使命，需要将创新创业教育提高到等同专业文化教育的高度。教育正经历着一场缓慢而深刻的革命，高校应引导学生转变思想观念。具体操作形式不仅在课堂，还在课堂外开发"第二课堂"，将国家政策性的大学生自主创业工作作为规定动作，根据学校的办学水平、层次进行自主选择，用创新创业教育思想指导教学育人的全过程。

（2）借鉴外国先进经验，取长补短。国内很多高等院校的创新创业教育发展得也很迅速，拥有相对完善的课程，正乘着国家倡导"双创"的有利时机乘风破浪前进。国外教育课程通常以现实创业环境状况为教学切入点，以创业演练体验式教学为重要形式，经过模拟或实践，激发创造的热情。有条件的院校让有志于创新创业的学生初试牛刀，体验个中滋味，在创新创业的过程中尝尽酸甜苦辣。这种崭新的教育模式使同学们找到了最适合自己的创业方向。有的院校拥有较为完备的配套服务设施，创新创业教育研究和实践体系构建已趋成熟，内容很充实，经验极其丰富，并取得了骄人的成绩，值得学习借鉴。

（3）完善人才综合素质评价体系。现有的高等教育"重传授、轻参与""重课堂、轻现场"，考核评价内容"重知识的记忆、轻能力的掌握"，难以有效推动学生综合素质的提高。从人才培养模式的角度评价，教育质量跟职业技术岗位挂钩或同步配套，给操作造成一定的难度。在追求学科的完整性、逻辑性基础上，满足实际需要的前提下，科学判断，对教育对象进行价值判断，直接体现了人才培养规格和人才质量的价值评判。作为素质教育核心的内容，创新创业教育必须纳入人才综合素质评价体系中。

2. 不断增强大学生创新创业意识

创新创业意识作为学生创新创业应当具备的一项重要因素，在无形中影响着学生对于创业的具体行为与态度。所以，各高校要增强大学生的创新创业意识。民办高校应更新教育思想理念，彻底认识到创新创业教育的紧迫性、必要性、重要性。充分掌握创新创业教育和就业择业教育、素质教育、专业技术教育的内在关系，不断摸索创业型人才培养规律，积极开展人才培养模式改革，将创新创业教育渗透到学校的教育教学改革中，贯穿于人才培养的全过程，形成以协助大学生完成创业的各项具体事务为宗旨，以增强大学生的创业能力及意识为关键，以进行实际创业活动作为锻炼载体，以培养大学生创业的精神和兴趣作为核心的创新创业教育新思想。

同时，还应积极推动创新创业教育的广泛宣传。大力宣传大学生独立创新创业思想与创业教育内容，为大学生创业创造积极的社会环境。利用互联网、电台广播、图书报纸等新闻媒体，大力用好国家与地方政府在大学生创业方面的优惠政策、便利措施。对创业成功的大学生进行积极宣传，让创业成功的这些大学生现身说法，或进行巡回演讲等活动，培养大学生创业的激情，为他们确立正确的成才观念、就业观念以及创业观念。

3. 构建与专业教育相融合的创新创业教育体系

（1）通识教育。通识教育课程（公共必修课和公共选修课）渗透创新创业的教育理念和内容，培养学生事业心、进取心和社会责任感等思想情感素质，激发创新创业的自觉性，增强社会适应能力。

（2）专业教育。在专业教育中融入创新创业教育的理念和能力的培养。突出专业特色，开展与专业核心课程教学有机融合的创新创业教育，与专业实践教学有效衔接的创新创业实践活动，使学生在掌握专业基础知识、基本理论和基本技能的同时，获得开展创新创业活动所需要的专业素质和专业能力。

（3）创新创业基础教育。创新创业基础教育是开展创新创业实践训练的基础。创新创业基础教育立足于传授创新创业基础知识，帮助学生提升综合素质、提高创业能力。创新创业基础教育课程教学，使学生掌握开展创新创业活动所需要的基本知识，进一步激发学生的创新创业热情。

（4）创新创业实践训练。创新创业实践训练是创新创业教育体系的重要内容和主要载体，以创新创业训练课程教学为主体，包括实施大学生创新创业训练计划项目，开展学科竞赛、创新活动和技能竞赛，组织学生科研及课外科技文化活动等，通过内容丰富、各种层次和不同方式创新创业实践训练，让学生在训练与体验中提高创新能力和解决实际问题的能力，提高创新创业技能。

第三章

大学生创业团队的组建与管理

第一节 创业者与创业团队的培养

一、创业者的特征

（一）创业者的特点

在欧美学术界和企业界，创业者被定义为组织、管理一个生意或企业并承担其风险的人。创业者有两个基本含义：一是指企业家，即在现有企业中负责经营和决策的领导人；二是指创始人，通常理解为即将创办新企业或者是刚刚创办新企业的领导人。创业者是指某个人发现某种信息、资源、机会或掌握某种技术，利用或借用相应的平台或载体，将其发现的信息、资源、机会或掌握的技术，以一定的方式，转化、创造成更多的财富、价值，并实现某种追求或目标的人。

学术界研究创业者的心理特征，发现创业者的心理特征比天生特质重要得多，而心理特征或素质在一定程度上可以改变和培养。创业者区别于一般人的特征表现为以下6个方面。

1. 创新

创新是创业精神的本质所在，因此创业者趋向于那些具有创新精神的群体就不足为奇了，创业者发明新的方法迎接不同的挑战。

2. 成就导向

创业者几乎无一例外都是目标导向型的，他们很自然地设定个人目标，并且确保成长以完成这些目标。

3. 独立

创业者是出了名的独立自主。他们大多数都高度地自我依赖，而且他们中的许多人都很自然地偏向于独立工作来完成他们的目标。

4. 内控性人格

创业者很少把自己看作环境的受害者，而是自己掌控自己的命运。这可能是由于他们具有把消极的环境看作机会而不是威胁的趋向。

5. 低风险厌恶

创业者不会为了风险带来的利益而去寻找风险，而是对风险有更多的包容性，并且在找到方法降低风险方面更具有创造性。

6. 对不确定性的包容

创业者总是比其他人更加适应动态变化且不是特别明确的情况。

（二）创业者知识和能力结构

1. 创业者应具备的知识结构

创业者的知识素质对创业起着举足轻重的作用。在知识大爆炸、竞争日益激烈的今天，单凭热情、勇气、经验或只有单一专业知识，要想成功创业是很困难的。创业者要进行创造性思维、做出正确决策，必须掌握广博的知识，具有一专多能合理的知识结构。

知识结构是指一个人经过专门学习培训后，所拥有的知识体系的构成情况与结合方式。所谓合理的知识结构，就是既有精深的专门知识，又有广博的知识面，具有事业发展实际需要的最合理、最优化的知识体系。合理的知识结构既是实现创业目标的必要条件，也是个人事业发展的基础。创业者应该具有扎实的专业基础和完善的知识结构。创业者的专业知识对于创业者确定创业目标及成功创业有直接作用。除此之外，还应该掌握与经营管理相关的非专业知识。具体来说，创业者应该具有以下几方面的知识。

（1）政策法律法规。理解法律与政策的内涵和意义，做到用足、用活政策，依法行事，用法律维护自己的合法权益。

（2）科学的经营管理知识和方法，提高管理水平。

（3）与本行业、本企业相关的科学技术知识，依靠科技进步来增强竞争能力。

（4）市场经济方面的知识，如市场营销、财务会计、财政金融、国际贸易等知识。

（5）有关世界历史、世界地理、社会生活、文学、艺术等人文素养方面的知识。

创业者应该在事业起步之前就建立合理的知识结构，培养科学的思维方式，提高自己的实用技能，以适应创业的要求。

2. 创业者应具备的能力结构

能力结构是指一个人所具备的能力类型及各类能力的有机组合。从不同角度或不同层面，可以划分不同的能力类型，每个人所具备的能力结构是不同的。创业能力是指创业者能够完成创业所必需具备的能力，它是在知识、经验、技能的基础上形成的。创业者仅有创业的激情是不够的，他还必须要有能够创业的能力。创业者至少应具有如下能力。

（1）创新能力。创新能力是指能够提出新观点、新办法，能创造性地解决现实问题的能力。

（2）分析决策能力。分析决策能力是指通过对企业所面临形势的分析，对企业的发展和问题的解决等方面做出决断、确定方向的综合性能力。

（3）预见能力。预见能力是指创业者根据当前经济发展或企业生存环境等方面的发展特点、方向、趋势所进行预测、推理的一种思维能力，是思维能动性的表现，还是一项重要的创业能力。

（4）应变能力。应变能力是指创业者在外界环境和事物发生改变时，能够做出正确的反应和决策。

（5）用人能力。要想成为一名成功的创业者，必须有一套自己的"管人用人"能力。

（6）组织协调能力。组织协调能力是指根据工作任务，对资源进行分配，同时控制、激励和协调群体活动过程，使之相互融合，从而实现组织目标的能力。

（7）沟通能力。沟通能力是指善于交流与表达，与他人进行有效沟通的能力。

（8）激励能力。激励能力是指依据人的行为活动规律，采取有效的方法，充分调动和发挥人的工作积极性的能力。

创业能力是以智力活动为核心的能力，但同时它也具有很强的社会实践性，是与创业实践活动紧密相连的。创业能力的强弱，决定了创业实践活动效率的高低。反过来，创业实践活动又可以促成创业能力的形成和发展，在创业实践活动中，通过完成各项艰巨而富有挑战性的工作，能够激发个体的创业能力。因此，并不是要求创业者必须完全具备以上这些能力才能去创业，而是需要创业者本人有不断提高自身素质的自觉性和实际行动。一靠学习，二靠改造。要想成为一个成功的创业者，就要做一个终身学习者。

（三）创业者的创业动机

从短期看，创业者的需求层次及其影响因素的共同作用，形成了创业者不同的创业动机，不同的创业动机导致创业者的创业行为过程与行为结果的差异；同时，创业者的创业活动导致创业者的现实需求得到满足。从长期看，由于需求在时间上的连续性，已有需求的满足又会导致新需求的产生，从而形成一个循环，最终表现为创业精神对经济增长的贡献与经济的繁荣。由此可见，决定创业者行为差异的深层次原因是创业者的需求层次及其影响因素。

创业动机是各种因素共同作用的结果。一方面包括创业者的个性特点、个人目标、相关的商业环境和可行的商业计划。另一方面，创业者将预期的结果同自己的心理期望相比较。此外，创业者还应关心创业中付出的努力与可能的收获之间的关系。

创业者最初的期望和最终的结果会极大地影响他们创建和维持一个企业的动力。当企业的经营业绩达到或超出期望，创业行为就会被正面强化，创业者将有动力继续创业。而到底是留在现在的企业，还是创建另一家新企业，就依他们的创业目标而定。当实际结果难以达到预期时，创业者的动力就会下降并负面地影响继续创业的决定。这些对未来的预期同样会影响到后面的企业战略、战略的实施和企业管理。

创业者的需求层次不同，因此产生的创业动机也存在差异。机会拉动型创业者的需求层次比生存推动型创业者高。机会拉动型创业者的创业动机受自我实现需求的推动，机会拉动型创业者大多没有生活压力，但是具备一定的知识、经验和能力，敢于承担风险，并相信能通过创业活动来实现自己的价值；生存推动型创业者则处于生理需求或安全需求等较低的需求层次，生活压力是生存推动型创业者处于生理或安全需求的根本原因。由此可见，不同的需求层次决定了不同的创业动机，从而影响了创业者的行为过程与行为结果。

从间接影响创业动机形成的原因来看，创业者的需求层次还受诸多具有长远意义的宏观因素的影响。一是社会保障。高水平的社会保障可以提高人们的需求层次，由于需求层次决定创业动机，从而可以得出：社会保障越高，机会拉动型创业比率就越高；社会保障越低，生存推动型创业者比率就越高。二是收入水平。创业者作为理性个体，短期内的收入变化不会对创业者需求层次产生显著作用，长期内收入变化必然导致创业者需求层次的变化，长期内收入水平提高有利于创业者需求层次的提升，反之下降。三是人口统计特征。人口统计特征是创业者自身特点的整体体现，主要表现为创业者群体的受教育水平、经验和经历等，由于人口统计特征的差异，相同的外部要素对创业者个体的作用会产生不同的结果，从而形成同一国家或同一地区创业者需求层次的多样性和创业者创业动机的差异。

（四）创业能力的训练与培养

1. 责任感与决策力

承担责任和决策力是创业者应具备的第一要素。有了责任承诺（承诺是指对过去所做努力的坚持）和决策力，创业者可以克服难以想象的障碍，并且可以弥补其他缺点。责任感与决策力通常意味着个人牺牲。衡量创业者的责任承诺有以下三方面：是否把自己净资产的一大部分投资于企业；是否愿意接受较少的薪水；在生活方式和家庭上是否做出较大牺牲。

2. 领导力

成功的创业者不需要凭借正式权力（多为组织授予的权力）就能向别人施加影响，这就是领导力。他们善于化解冲突，懂得什么时候以理服人、什么时候以情感人、什么时候该做出妥协、什么时候寸步不让。要想成功经营企业，创业者必须学会与许多角色，包括客户、供应商、资金援助者、债权人、合伙人以及内部员工等相处。由于不同的角色在目标上常会有冲突，因此，创业者要成为一个调停者、磋商者而非独裁者。

3. 执着于创业机会

成功的创业者都会为创业机会而殚精竭虑。他们的目标是寻求并抓住商机，将其变成有价值的东西。他们受到的困扰往往是陷在商机里不能自拔，但他们总能发现机会。这就要求创业者区分各种创意和机会的价值，抓住重点。

4. 对风险不确定性的容纳度

创业总是伴随着高风险、模糊和不确定性，成功的创业者需要容忍风险、模糊和不确定性。他们能乐观而清晰地看到公司的未来，从而保持了勇气。通过仔细定义目标、战略，控制和监督他们的行动方式，并按照他们预见的未来加以调整，从而减少了创业风险。成功的创业者把压力化为好的结果，将绩效最大化，并把负面影响、精疲力竭和沮丧情绪最小化。

5. 创造自我依赖和适应能力

成功的创业者不满足也不会停留于现状，是持续的革新者。真正的创业者会积极寻找主动权并采取主动。他们喜欢主动解决问题，通过创新和创造实现生存和发展。成功的创业者有很强的适应力和恢复力，从错误和挫折中学习经验，能在将来避免类似的问题发生。成功的创业者总是优秀的听众和快速的学习者。

6. 超越别人的动机

成功企业家受到内心强烈愿望的驱动，希望和自己定下的标准竞争，追寻并达到富有挑战性的目标。新创建企业的创业者对地位和权力的需求很低，他们从创建企业的挑战和兴奋中产生个人动机。他们渴望获取成就，而不是受地位和权力的驱动。如何提升创业者（包括潜在创业者）的创业能力，是创业教育需要回答的问题。

二、创业者的素质与能力

（一）创业者应具备的素质

1. 系统学习创业知识

我们平时所说的创业，一般是指创办企业。所谓企业，是指依法设立的、以营利为目的、从事商品的生产经营和服务活动的独立核算经济组织。企业的运营是把人的要素和物的要素结合起来，自主地从事经济活动。从广义上讲，企业包括营利性企业和非营利性企业两类。较常见的企业是指各种独立的、营利性的组织。营利性组织可进一步分为有限公司、合伙制企业、个人独资企业、个体工商户等法律形态。

创业者是主导劳动方式的领导人，是组织和运用服务、技术、器物作业的人，是具有思考、推理、判断的人，是能使人追随并让追随者在追随的过程中获得利益的人，是具有完全权利能力和行为能力的人。他们为了实现某个梦想，一般都具有较强的使命感和坚韧的毅力。

创业者的知识素质对创业起着举足轻重的作用。创业者要进行创造性思维、要做出正确决策，必须掌握广博的知识，具有一专多能的知识结构。学习创业知识的核心并非把创业本身当成某种技能或流程来掌握，创业的关键在于创造用户真正需要的产品和价值。所以，初次创业者要把关注点和工作重点放在产品开发、用户体验和市场营销上，这也是成功创业的真正诀窍。

诸如注册公司、企业税务、商标申请等事务只是创业过程中最基本的工作，相对比较简单，可以请专人办理。人员招聘与管理、市场营销、项目路演与融资等方面的技能需要创业者投入更多的时间学习、钻研和历练。

2. 创业需要全心全意

创业必须全心全意，希望在创业的同时保留一份原来的工作是很困难的。那些兼职创业者或初次创业者成功的只有极少数。兼职创业者或初次创业者往往都对创业成功的期望很高，但现实总是很残酷的。对于大学生来说，不管是兼职创业还是初次创业，在创业的过程中所学到的知识和提升的经营管理能力，就是自己践行创业的最大财富。

为什么大学生兼职创业和初次创业多以失败而告终呢？其原因在于兼职创业者或初次创业者根本就不可能很熟练地把握创业的过程，他们没有经验，没有优秀的团队，也没有足够的资金和市场营销资源，甚至开发推广的产品也不是市场所需要的。作为大学生，如果有创业的想法，大胆地去尝试肯定没错，即使失败也会有所收获。但我们还是建议大学生，在校期间将主要精力放在学习上，要学习用基本的知识武装自己的头脑。在课余时间可以多参与社会实践或到企业去做一些力所能及的工作。

要想成为一名成功的创业者，需要不断提升自己各方面的能力，包括创新能力、分析决策能力、预见能力、应变能力、用人能力、组织协调能力、社交与沟通能力、团队激励能力等。而这些能力，都可以在学校学习期间和课外实践中加以锻炼提升。

3. 创业需要投入大量的时间、精力和资金

选择创业和找一份工作，思考方式和行为方式有很大的差别。创业必须着眼于长远的发展，做系统的规划和资金预算，然后组织相应的人员去实施，其结果往往是不确定的。而一个企业岗位的工作者的工作方式是在固定的时间内做固定的工作，最后获得固定的薪水，也就是说，其结果是相对固定的。

创业不是做一笔生意或做一个项目，交易完成或项目完工就结束了。创业是长期经营管理某个生意或某个企业，是一项系统工程。有时候为了市场竞争、为了客户满意，可能要投入更多资金、更多人力，同时也会给自己带来很大的压力。

很多人低估了创业所需要投入的时间、精力和资金。创业者要时刻调整好自己的心理状态，在投身创业前，要充分、由衷、深刻地认识到创业过程的节奏快、强度大、不确定的因素多，尤其是互联网、高科技方面的创业项目更是如此。

创业是一项与时间赛跑的行动，需要投入百分之百的精力。我们不要只看到成功创业人士光鲜的一面，要知道，任何事业的成功都有成本和代价。那些成功的创业者背后都有不为人知的艰辛和痛苦经历，只是人们总是更容易被成功的光鲜所吸引，而选择性忽略其背后的艰辛。

4. 创业项目不能凭空想象

创业项目有很多，涉及人们的衣、食、住、行、娱等方面。创业项目从观念上来看，可分为传统创业项目和新兴创业项目；从方法上来看，可分为实业创业项目和网络创业项目；从经营领域来看，可以分为贸易型项目、生产制造型项目、服务型项目、农林牧渔型项目；从投资上来看，可分为无本创业项目、小本创业项目和高额创业项目；从方式上来看，可分为加盟创业项目、自主创业项目。

每一个成功创业的企业家，都是顺应了当时的市场需求，创建了企业，而不是刻意地、绞尽脑汁地寻找创业的项目。所以，不要每天都刻意地为了寻找创业项目而寻找创业项目，直觉和自负很有可能让你犯错，自己的需求并不代表市场的需求。很多很棒的创业项目甚至在一开始都不被人关注。学习足够多的企业经营管理知识，建立坚实、丰富的知识体系，掌握一技之长，结合自己的实际情况和特长来加强学习，是每一个创业者要为创业所做的基本功。对于那些真正让你感兴趣的问题，要花足够多的时间来思考，找出市场的痛点，并积极寻求解决方案。与你真正喜欢、尊重的伙伴积极充分地讨论，也顺便物色合适的联合创始人。关注未来，才能把自己带入未来，那些具有未来感且在未来一定会有强烈市场需求的构想，有时候会是别人都还没有想到但非常好的创业构想。

5. 选择适合自己的创业项目

同一个人，做不同的项目，有的赚钱，有的亏钱，说明有的项目适合自己、有的项目不适合自己。不同的人，做同一个项目，有的赚钱，有的亏钱，说明人与人之间有能力的差别、资源的差别。归根结底，创业者要想创业成功，一定要选择一个适合自己的创业项目。

俗话说："隔行如隔山。"因此，应尽量选择与自己的专业、经验、兴趣、特长及所掌控的资源相关的项目。作为大学生创业者，最大的特点是启动资金与从业经验有限，选择适合自己的项目尤为重要。适合大学生创业的项目，一般具有以下特点。

（1）项目初次投资资金少，启动成本少。

（2）产品的市场需求量大，产品能进入流通环节，别人可以做代理分销商。

（3）产品要有强大的生命力。如可口可乐已卖了130多年，还依然畅销全球各地。

（4）不管是开店还是开公司，能把这种模式或产品复制到更多的地方。

（5）能够整合更多的资源，借力使力不费力。

（6）能够发挥你的天赋和激情，有属于自己的舞台。

（7）能接触更多的成功人士，能获得社会的尊重。

（8）能实现自己的人生理想，能使生活越来越美好。

6. 理智地掌控创业中的利益得失

创业的冲动需要理智驾驭，就像装上发动机的汽车需要方向盘控制一样。创业和从事学术研究不一样，一般创业都要投入少则数十万元，多则上百万元的资金，一旦失败，可能血本无归，甚至背负债务。所以创业需要理智的驾驭，所谓"运气"只是成功者的谦虚之词，考虑周全、高效执行、做好细节才是创业成功的保障。了解客户需求要做全面的调查和严谨的分析；设计产品需要客观的素材和缜密的思维；经营策略需要准确的成本测算和收支评估；把握市场、预见变动需要系统的调查和研究。

所谓理智的掌控包含如下两个内容：实事求是的客观态度和科学有效的分析能力。影响人的客观态度的心理因素主要体现为懒、贪、怕、怨这样一些不健康的心理活动。科学有效的分析能力是个人通过系统学习、不断实践积累得到的。随着商业不断发展，个人的研究分析能力终究有限，创业者需要借助社会上专业咨询服务机构的支持。

（二）创业者的能力要求

1. 自我鞭策能力

创业者，尤其是创业团队的负责人，从团队组建、项目选择开始，就要面对各种不同的考验。企业正式开始经营后，要随时面对团队、财务、管理、市场、客户等一系列随时可能出现的问题。

所谓"自我鞭策能力"，就是要有强烈的实现梦想的欲望。创业者的欲望与普通人的欲望的不同之处在于，他们的欲望往往超出他们的现实，往往需要打破他们现在的立足点，着眼于未来，去打造一个更大的舞台。所以，创业者的欲望往往伴随行动力和冒险精神。因为想得到，而凭自己现在的身份、地位、财富得不到，所以要去创业，要靠创业改变身份、提高地位、积累财富，这构成了许多创业者的人生三部曲。

2. 开阔的视野、胸怀

创业者只有具备广博的见识、开阔的眼界，才能有效地拉近自己与成功的距离，才能在创业的过程中少走弯路。众多成功创业者的创业思路有以下几个共同来源。

第一，职业。俗话说，"不熟不做"。由原来所从事的职业"下海"，对行业的运作规律、技术、管理都非常熟悉，也了解人力资源、市场行情，这样创业的成功概率较大。这也是最常见的一种创业思路的来源。

第二，阅读。包括书、报纸、杂志等。比亚迪创始人王传福的创业灵感就来自一份国际电池行业动态的简报。很多人将读书与休闲等同，对创业者来说，阅读就是工作的一部分。

第三，行路。俗话说："读万卷书，行万里路。"行路，各处走走看看，是开阔眼界的好方法。

第四，交友。很多创业者最初的创业想法是在朋友启发下产生，或干脆就是由朋友直接提出的，与朋友们进行头脑风暴，就能够不断地有新思路、新点子。

3. 商业谋划能力

创业者的智谋，将在很大程度上决定其创业成败。尤其是在目前产能过剩、市场竞争激烈的情况下,创业者不但要坚守正道,更要出奇制胜。

对创业者来说,无所谓大智慧、小智慧,能把事情做好、能赚到钱就是好智慧。谋略其实就是一种思维的方式,一种处理问题和解决问题的方法。对于创业者来说,智慧是不分等级的,没有好坏、高明不高明的区别,只有好用不好用、适用不适用的问题。只要能为客户创造价值、解决问题,就应该去实施。作为一名创业者,你的思维不能因循守旧,一定要不拘一格。

4. 坚韧的毅力

在创业的路上,要付出很多努力,要忍受很多痛苦,这种感受只有经历过创业的人最清楚。对一般人来说,忍耐是一种美德;对创业者来说,忍耐却是必须具备的品格。大学生如果决心创业,一定要先在心里问一问自己:"面对各种挑战,你有战胜自己的勇气吗?你有突破自我的决心吗?"如果没有,你还是老老实实找份工作吧!对有些人来说,找一份适合自己的工作,也许是最好的选择。不是每个人都能创业成功,创业是一项长期坚持做好一件事、做成一件事的工作状态,只有起点,没有终点。如果没有坚强的毅力,是很难坚持下去的。

三、创业团队的特点

(一) 团队成员能力互补

为什么团队创业成功的概率要大大高于个人创业?原因很简单,因为没有人会拥有创立并运营企业所需的全部技能、经验、关系或者声誉。因此,从概念上来讲,如果想要创业成功,就必须组成一个核心团队。团队成员对创业者来说将发挥不同作用,他们或是合伙人,或是重要员工。他们不可或缺,有了他们,可以解决创业过程中可能出现的问题。

"一个好汉三个帮,红花需要绿叶衬。"不管创业者在某个行业多么优秀,都不可能具备所有的经营管理经验,而借助团队可以拥有企业所需要的经验。例如,服务顾客的经验、产品开发的经验和企业经营管理的经验等。而且人际关系在创业中的比重被放在一个很重要的位置,人际关系网络或多或少地帮助创业者,是企业成功的因素之一。通过团队,人脉关系可以放得更大,可提高创业成功的概率。

创业者寻找团队成员,应该基于这样的考虑:主要是弥补当前资源和能力上的不足,也就是说考虑创业目标与当前能力的差距,来寻找所需要的配套成员。好的创业团队,成员间的能力通常都能形成良好的互补,而这种能力互补也会有助于强化团队成员间彼此的合作。当然,创业团队的组成也并非一蹴而就,往往是在新企业发展过程中才逐渐孕育形成。在这一过程中，创业成员也可能因为理念不合等原因，在创业过程中不断替换。

由于组建创业团队的基石在于创业远景与共同信念，因此创业者需要提出一套能够凝聚人心的远景与经营理念，形成共同目标、语言、文化，作为互信与利益分享的基础。因此，一个成功的创业者需要知道如何管理团队，并具备领导团队运作的能力。团队是一体的，成败是整体而非个人的，成员能够同甘共苦，经营成果能够公开且合理地分享，团队就会形成坚强的凝聚力与一体感。

团队能够相互信任十分重要，猜疑会令企业瓦解。我们曾做过一个调研，创业孵化器里的初创企业，每年的倒闭率一般在30%左右，其中很重要的一个原因，就是创业团队内部不团结。一般来说，创业者在选择创业伙伴时主要考察对方的人品和能力。相对于能力而言，人品更加重要。人品是人们交往和合作的基础，也是决定一个人是否值得信任的前提。在创业团队中，人们注重的人品主要有：成员是否诚信、成员的行为和动机是否带有很强的私心。另外，团队成员要对集体忠诚，彼此也以诚相待、公平相处，误会和猜疑产生时应及时沟通，避免越积越多而不可收拾。

创业团队的组建没有任何神奇的公式，它类似于把拼板玩具的每一块拼凑起来。而能否搭建起来，关键是每一位成员都应将团队利益置于个人利益之上，而且充分认识到，个人利益是建立在团队利益基础上的。因此团队中没有个人英雄主义，每一位成员的价值，表现为其对于团队整体价值的贡献。成员愿意牺牲短期利益来换取长期的成功果实，而不计较短期薪资、福利、津贴，将利益分享放在成功之后。团队成员保持对企业长期经营的信心，对于企业经营成功给予长期的承诺，每一位成员均了解企业在成功之前将会面临的挑战，并承诺不会因为一时的利益或困难而退出，同意将股票进行集中管理。如有特殊原因而提前退出团队者，以票面价值将股权转让给原公司团队。

（二）成员提升企业价值

当前的创业和以往的创业，最大的不同是创业者开始认识到唯有让企业不断增值，所有参与者才有可能分享到其中的利益。团队成员必须全心致力于创造新企业的价值，并把为企业创造新价值确定为创业活动的主要目标，一切工作围绕企业的成长展开。

企业的成长性不外乎从生产要素规模、主营业务收入规模、盈利规模三方面着手研究分析。要以投资人的思维去思考如何发掘企业价值。其一，创业者要在行业的发展趋势里面去发掘项目。如果创业者在一个向上的、趋势非常明显的行业，再差的企业也有转机的那一天；如果在向下的、趋势不好的行业，再好的企业也有衰败的一天，所以投资人非常注重行业的发展趋势。其二，创业者要好好研究国家的产业政策。其三，创业者要注重在产业结构调整和产业发展过程中存在问题的行业和企业，这是投资人发掘价值的机会。其四，创业者要不断地发掘优秀的合伙人和专业人才。

无论是传统企业还是互联网企业，时刻以客户为中心，关注客户的需求与痛点，是企业发展的核心，也是提升企业价值的出发点。有些企业之所以估值很高，最主要的是获得了大量客户的认同，并有不断重复消费的可能。

（三）股权、利益分配合理

团队成员的股权分配不一定要均等，但需要合理、透明与公平。通常创始人与主要贡献者会拥有比较多的股权，但只要与他们所创造的价值、贡献相配套，就是一种合理的股权分配。有一家创业公司的四位成员以平均方式各拥有25%的股权，但其中两位几乎对于新企业发展完全没有贡献，这样的创业团队其实是不健全的，也难以吸引外部投资。合理的股权设计，应该是对内起到激励作用，对外起到融资作用。

创业之初的股权分配与以后创业过程中的贡献往往并不一致，因此会发生某些具有显著贡献的团队成员拥有股权数较低、贡献与报酬不一致的不公平现象。好的创业团队需要有一套公平、弹性的利益分配机制，来弥补上述不公平的现象。例如，新企业可以保留10%~20%的盈余或股权，用来奖赏和激励以后有显著贡献的创业成员或投资人。

第二节 创业团队组建

一、创业团队的构成

（一）成功团队的基本特征

1. 共同的创业信念和清晰的目标

这是一个成功团队的基本要求。共同的创业信念决定着创业团队的性质、宗旨和任何获取创业的回报，并且关系到创业的目标和行为准则。这些准则指导着团队成员如何工作和如何取得成功。被团队的所有成员接受和认可的、清晰的奋斗目标可以将整个团队拧成一股绳，使团队成员齐心协力、为完成这个目标共同努力奋斗。如果这个目标能够与每个成员的个人目标完美结合，那么就更能充分调动员工的积极性。

2. 互相团结和信任

成员间的团结和信任可以说是所有完美团队的共有特性,只有这样,所有的人才能在分派任务、设定计划、职权划分、相互沟通和协同工作时保持足够的尊重和信任,都会认真思考其他成员提出的问题和看法,认真反思自己可能存在的问题和缺点,充分提高每个成员的工作积极性和技术水平。尊重和体现每个成员的自我价值,使每个成员都有幸福感和归属感。

3. 知识技能的互补

任何一个团队在技术上都会有他们的强项和弱项,在较大的团队里,不是每个成员都能精通所有的技术。关键在于能够找准合适的位置,并做好人员之间的合理搭配。团队成员之间可以有一定的交叉,但又要尽量避免过多的重叠。团队成员可能是某一方面的专家,但不可能样样精通,那就有必要利用其他团队成员或外部资源来弥补。掌握了相关技能的、不同性格、不同能力的人协同工作,可以提高工作效率和化解团队内部的误解和矛盾。

4. 团队利益至上

事业是团队的事业、集体的事业,个人的力量是有限的。成功靠团队共同推进,团队的利益、团队的目标重于个人的利益和目标。团队成员应能够同甘共苦,每一位成员都应将团队利益置于个人利益之上。每一位成员的价值,体现在其对于团队整体价值的贡献。团队成员都应当愿意牺牲短期利益来换取长期利益,比如团队成员不计较短期薪资、福利、津贴,而将创业目标放在成功后的利益分享。

5. 良好的沟通

优秀的团队并不回避不同的意见,而是进行充分的沟通和交流,畅所欲言,坦诚相见,最后达成一致。团队成员之间恰当而良好的沟通可以加强内部团结、化解内部矛盾、减少分歧,提高信息共享性和透明度,快速理解其他成员的意图,充分理解客户的需求和各模块之间的协同性,大幅度提升产品质量和开发进度,同样也就提升了团队的工作效率和企业业绩。

6. 灵活的应变能力

一个团队要尽可能地去适应各种各样的、与自己团队定位不冲突的任务,并不断地学习和跟踪新技术、新技能和新知识,这样团队的适应性强,团队的生存能力就更强。

7. 恰当的领导

最胜任的团队领导者不是最强悍的控制者,他不仅要指定团队方向,设定短期目标和长期目标，组织、协调、监督和控制团队内外的所有关系、任务和资源，并能够在团队陷入困境时带领大家走出困境，同时还要能够为大家带来丰厚的利益。恰当的领导的含义还包括：领导者能够善于担任教练和后盾的角色，对团队提供指导和支持，既能够妥当地发号施令，又能够为团队提供周到细致的服务。

8. 外部支持和内部支持

所谓外部支持就是建立这个团队所需要的软硬件资源要到位；内部支持则是团队的人员搭配要合适，各项机制运行正常。比如，具备准确的项目风险和成本审核机制、公平的绩效考核机制、及时的冲突解决机制、适当的培训和激励机制、良好的上下和平行沟通机制、合适的人员调配机制等。

（二）创业团队组建原则

1. 理性与非理性原则

有些创业者遵循理性逻辑来组建创业团队，他们会理性地分析创业所需要的资源和能力，并将其与自己所拥有的资源和能力进行比较，将组建创业团队视为弥补自身能力空缺的一种方式，目的是整合优秀的资源推动创业成功。

寻找合作伙伴，理应关注他们拥有的资源和能力。但现实中，创业者往往更倾向于找那些志趣相投而不是技能互补的人合作。创业要面对大量的不确定性，风险也很大，是否具有共同的兴趣点、是否具有相似的工作背景、是否具有共同的创业理想等，对促成和保持团队成员的凝聚力非常重要。在多数情况下，成功并不是因为团队结构有多么优秀，而是因为团队成员之间的齐心协力；失败也并不是因为团队结构的缺陷，而在于团队成员之间的内部争斗。

创业机会特征是在创业者组建创业团队时必须考虑的重要因素。如果创业机会所蕴含的不确定性较高、价值创造潜力较大，往往意味着创业过程中面临的任务也就越复杂、越具有挑战性。此时，理性地组建创业团队可能会更好地应对创业过程中的复杂任务，有助于创业成功。例如，在高新技术领域，大部分创业者都在依据理性逻辑来组建创业团队，强调团队成员之间在技术、营销、财务等职能经验领域的互补性。

而如果创业机会所蕴含的不确定性较低、价值创造潜力一般，在这样的条件下，创业团队成员之间的齐心协力和信任感更加关键。例如，在服装、零售、餐饮等传统行业，大多数创业者都是依据非理性逻辑组建创业团队，夫妻店、兄弟店、父子店比比皆是。当然，选择与谁合作，也和创业者自身的能力有关。

2. 互补性与相似性原则

新企业的成功在很大程度上取决于它所获取的人力资源。其中，需要考虑的首要问题是，在角色安排上，创业者究竟是应当选择那些在各个方面都与自己相似的人，还是应当以互补的方式选择那些有差异的人，以便提供他们自己所缺少的知识、技术和能力。

人们往往愿意同在许多方面与自己具有相似性的人交往，觉得相互之间更加了解，而且更容易自信地对彼此未来的反应和行为加以预测，从而更易选择他们作为自己的合作伙伴。由于创业者也会遵循"相似性导致喜欢"的规则，多数人倾向于选择那些在背景、教育、经验上与他们非常相似的人，许多新企业就是由来自同一领域或同一职业的创业者所组成的团队创建的。

但是，创业者选择那些具有与自己相似背景和教育的人作为合作伙伴的趋向，存在的最重要缺点就是冗余问题：相似的人越多，他们的知识、培训、技能和欲望重叠的程度就越高。例如，当所有人都是技术专家，这在设计一个现实可行的新产品时十分有用，但对市场营销、法律事务或者有关员工健康与安全等方面的规定知之甚少。这通常不利于企业获取必要的财务资源以及有效运营，而且如果所有人都在同一领域，他们往往具有相互重叠的社会网络，因而他们所接触的、能够从对方获取财务支持等资源的人就很有限。

创业团队为获得成功，必须掌握非常宽泛的信息技能、才能和能力，当创业团队的所有成员在各重要方面都具有高度的相似性时，这种成功不太可能出现。理想的状况是，一个团队成员所缺少的东西可以由另一个或者其他更多的成员提供，在这种情况下，整体的确大于各部分之和，因为团队能够整合人们的知识和专长。在许多情况下，强调互补性在一定程度上可能是更好的策略，因为它可以提供给新企业一种强有力和多样化的人力资源基础。

3. 认知冲突与情感冲突原则

认知冲突是指团队成员对有关企业生产经营管理过程中出现的与问题相关的意见、观点和看法所形成的不一致性。通俗地讲，认知冲突是论事不论人。从本质上说，只要是有效的团队，这种团队成员之间，就生产经营管理过程中的相关问题存在分歧是一种正常现象，而且在一般情况下，这种认知冲突将有助于改善团队决策质量和提高组织绩效。

认知冲突是有益的。通过不同选择方案的坦率沟通和开放式的交流，认知冲突能够鼓励创造性的思维，促进创造性的方案。作为冲突管理的一种结果，认知冲突将有助于决策质量的提高。事实上，如果没有认知冲突，团队决策就只是一个团队里最能自由表达的或者最有影响力的个别成员的决策。除了提高决策质量以外，认知冲突能够促进决策本身在团队成员中的接受程度。通过鼓励开放和坦率的沟通，以及把团队成员的不同技术和能力加以整合，认知冲突必定会推动对团队目标和决策方案的理解，增强对团队的责任感，从而有助于执行团队的创业决策方案。

冲突有时候也是极其有害的。当创业团队内的冲突引发团队成员间产生个人仇恨时，冲突将极大地降低决策质量，并影响到创业团队成员在履行义务时的投入程度，影响对决策成功执行的必要性的理解。与那些基于问题导向的不一致性相关的认知冲突不同，基于人格化、关系到个人导向的不一致性往往会破坏团队绩效，冲突理论研究者共同把这类不一致性称为"情感冲突"。通俗地讲，情感冲突是论人不论事。由于情感冲突会在成员间挑起敌对、不信任、冷嘲热讽、冷漠等表现，所以它会极大地降低团队有效性。

因此，对于团队绩效来说，冲突既可能是有益的，又可能是有害的，主要取决于它是认知冲突还是情感冲突。认知冲突可以通过改善决策质量和提高成功执行决策的机会，进而提高团队绩效。然而，情感冲突却降低了决策质量，破坏了对成功执行决策的理解，甚至不愿意履行作为团队成员的义务，进而导致团队绩效下降。

（三）创业团队的人员选择

构成创业团队的最核心力量就是人。在任何一个创业团队中，最活跃、最重要的资源就是人力资源。所以说在创业团队中，最重要的一个部分就是进行人员的选择。在一个团队中，有的人出主意、有的人制订计划、有的人负责实施、有的人协调不同的人去工作、有些人对创业活动进行监督等，创业团队的目标是通过不同人的分工来共同完成的。国内有学者认为按照不同人员在团队中所扮演的角色和作用，一个创业团队可以基本划分为战略管理层、智囊团、开拓者、核心团队。

1. 战略管理层

战略管理层包括企业的发起者和战略合作伙伴。无论是企业发展初期的资金筹集、战略规划，还是企业危机时的力挽狂澜，战略管理层都发挥着极端重要的作用。创业发起者与战略合作伙伴一同构成企业的灵魂和心脏，在一定程度上决定着企业的兴衰。

2. 智囊团

智囊团也就是出谋划策的小部分精英人士。他们分别擅长不同的领域，拥有某一方面的超人的能力和丰富资源（诸如，企业融资、项目运作、资金管理、市场开拓、对外关系处理、宣传推广等）。

3. 开拓者

开拓者具有很强的能力和抱负，不满足于现状。开拓者在很大程度上决定着一个企业能否快速发展，处于十分重要的地位。

4. 核心团队

核心团队是一个企业的基本劳动力，他们处理企业日常运营的琐碎事务，那些看似无关紧要，却又不可或缺的事情。他们没有太高的抱负，比较满足于现状，只希望有基本的物质保证，同时每天重复着流程化的事情。

二、创业团队的构建

（一）初始合伙人团队

初始合伙人团队由在创业初期就投资并参与创业行动的多个个体组成。初始合伙人的团队知识、技术和经验往往是企业所具有的最有价值的资源。正是由于这个原因，人们经常通过评估初始合伙人团队的素质来预期企业未来发展的前景，这些素质特征包括以下方面。

1. 受教育程度

初始合伙人团队的受教育水平一定程度上可以反映其知识掌握的程度。具有较高受教育程度的初始合伙人团队往往具备与创业有关的重要技能，可能在研究能力、洞察力、创造力和计算机技术应用能力等方面表现略胜一筹，而这些素质是创业成功的关键性因素。如果新创企业所从事的行业领域具有较强的专业特征，那么接受过高等教育的初始合伙人团队就会从工程技术、计算机科技、管理科学、物理、化学、生物等专业教育中获得显著优势。

2. 前期创业经历

具有创业经历的初始合伙人团队，无论曾经取得成功还是惨遭失败，都可以成为新创企业成功经营的有利因素，甚至成为一种独一无二的优势。因为，他要比初次接触创业过程的创业者更熟悉创业过程，并可以在新创企业中复制以前的成功创业模式，或者有效规避导致巨大失败的错误。

3. 相关产业经验

初始合伙人团队所拥有的相关产业经验，有利于更敏锐地理解相关产业发展趋势，可以更加迅速地开拓市场和开发新产品。例如，以开办一家生物制药企业来说，初始合伙人团队是否具有相关领域的生物制药技术就特别重要，如果他采取边学习边创业的方式，想成功地创建并经营好一家生物制药企业则十分困难。

4. 社会网络关系

具有广泛社会网络关系的初始合伙人团队往往更容易获得额外的技能、资金和顾客认同。初创企业应当善于开发和利用网络化关系，构建并维持与兴趣类似者或能够给企业带来竞争优势者的良好人际关系，这种网络化关系也是创业者社会资本的具体体现。初始合伙人团队打电话给业务上的熟人或朋友，请他们介绍投资者、商业伙伴或者潜在消费者，这是在创业过程中经常采取的行之有效的方法。

（二）董事会

如果创业者计划创建一家公司制企业，就需要按规定成立董事会，由公司股东选举产生以监督企业管理为主的个人小组。董事会一般由内部和外部董事构成。如果处理得当，公司董事会能够成为新创企业团队的重要组成部分，可以通过提供以下两种方式帮助新企业有一个良好的开端并形成持久的竞争优势，具体表现如下。

1. 提供指导

虽然董事会具有正式的治理职责，但是董事会所发挥的最大作用还是为企业管理者提供指导和支持。实现这一点的关键是企业挑选的董事会成员要有能力、有经验，愿意给予建议并能够提出具有洞察力和深入性的问题。因此，一定要有目的地选择外部董事，要让他们填补创业者和其他董事在经验和背景方面的空缺。

2. 增加资信

董事会是由股东大会选举产生的，负责处理公司多种重大经营管理事项。具有较高知名度和地位的董事会成员能为企业带来即时的资信。如果没有可信资质，潜在顾客、投资者或员工就很难识别出高质量的新创企业。高素质的人不会愿意在低水平的企业董事会任职，因为这对他们的名誉和声望而言是有风险的。所以，当高素质的人同意在企业董事会任职时，那么，他们本质在"发信号"，即这个公司很有可能取得成功。

（三）专业顾问

除了上述介绍的创业团队成员外，在许多情况下，创建者还需要依靠一些专家顾问，通过与他们的互动交流来获取重要的建议和意见。这些专家顾问通常是创业团队的重要组成部分，在外围发挥着重要作用。

1. 顾问委员会

顾问委员会是企业管理者在经营过程中向其咨询并能得到建议的专家小组。和董事会不同，顾问委员会对企业不承担法定责任，只提供不具约束性的建议。组建顾问委员会的目的既可以是一般意义上的，也可以满足特定主题或需要。因此，顾问委员会成员要尽可能涵盖较为广泛的才能和技术领域，而且在经验和技能方面应当是相互协调和彼此补充的。

2. 贷款方和投资者

贷款方和投资者会为企业提供有用的指导和资信，并保证发挥基本的财务监管作用。有时，贷款方和投资者还会通过多种途径，积极帮助企业增加新价值。如帮助识别和招募核心管理人员、洞察企业计划进入的行业和市场、帮助企业完善商业模式、扩充资本来源渠道、吸引顾客、帮助企业安排商业合作以及在企业的董事会或顾问委员会任职等。

3. 咨询师

咨询师是提供专业或专门建议的个人。当新企业需要从专家那里获取专利、缴税计划和安全规章等复杂问题的建议时，咨询师的作用不会太大。但是，当企业的咨询师以企业名义开展可行性分析研究或行业深入分析时，咨询师的作用就十分关键。由于这些活动要花费一定的时间，无法让董事会或顾问委员会来承担，因此可以借助咨询师来完成。

三、创业团队的社会责任

（一）创业团队社会责任的含义

创业团队的社会责任是指创业团队组建的企业在依法经营的同时，为提高利益相关者的利益和社会公共利益，积极创造利润而承担的责任。这一定义的优势在于，创业团队的社会责任不仅强调企业和股东利益的增加，而且不否认其他社会责任主体利益的存在，强调各主体利益之间的动态平衡，其主要目的是，以企业的多价值目标取代传统的一维企业和股东利润最大化的目标。

企业社会责任是一个历史的、具体的范畴。同任何主观的社会规范一样，企业的社会责任不能脱离生存和发展所依赖的时空背景和社会经济、政治、文化条件。不同的历史发展阶段和不同的社会经济条件所承担的社会责任是不同的。当代中国的转型期背景与国情决定了我国企业社会责任体系的建构应当切实结合我国企业社会责任履行的现实状况，立足于我国的社会现实，反映中国问题，体现时代特色，与我国新时期社会主义现代化建设总体布局相契合。只有在此基础上建构起来的企业社会责任体系，才能够回答时代性、中国性的问题，才能够有鲜活的理论生命力和较强的现实适应性。

(二)创业团队社会责任的内容

创业团队处于企业发展的初期,相比之下,对创业团队的社会责任进一步细化可得出以下内容。

1. 向社会提供优质产品和服务的责任

诚信是市场经济运行的基石,企业的不诚信和假冒伪劣商品泛滥是消费者福利的巨大损失。由于多种原因,目前有些企业已经因为假冒产品的干扰和打假难度的加大而难以为继。为了维护市场秩序、维护人民利益,创业团队必须承担起文明诚信、保证产品真实性的社会责任。

2. 促进国家创造和积累财富的责任

企业的主要任务是发展和盈利,在此基础上承担着增加税收、促进国家发展的使命。因此,企业必须承担起发展的责任。以企业发展为中心,以产品创新为前提,不断扩大企业规模,扩大纳税比重,完成纳税任务,为国家发展做出贡献。当然,这种发展观必须是科学的、绿色的、可持续的。企业不能只着眼于现在,不管长远;也不能只关注局部,忽视全局。

3. 节约资源、保护环境的责任

我国人均资源短缺,企业的发展必须符合节约资源的要求。随着全球经济发展,环境压力日益增大,大气、水和海洋污染日益严重,森林和矿物过度开发,所有这些都对人类的生存和发展构成了巨大威胁。创业团队要立足全局,坚持可持续发展,高度节约资源;要转变经济增长方式,发展循环经济,优化产业结构,承担保护环境、维护自然和谐的重要任务。

4. 履行社会公益事业的责任

虽然改革开放以来我国的经济得到了巨大的发展,但是作为一个拥有 14 亿左右人口的大国,还存在很多困难。农村的困难尤其明显,处于贫困线以下的人民需要帮扶。当然,这些应该是政府努力的方向,但是也需要更多的企业来分担国家的忧虑,参与社会的扶贫。为了社会的发展,也为了企业自身的发展,创业团队在发展的同时,也要重视社会公益,承担起更多的社会责任。

第三节　创业团队的管理

一、团队目标管理

（一）团队目标的设置

团队目标的设置是团队目标管理的关键，如果团队目标错误，则管理的结果一定会南辕北辙。为此，团队目标的设置一定是一个谨慎的过程，是一个形成合力的过程，是一个合乎规律的过程。

1. 准备阶段

在每一期结束之后，团队成员需要对本期工作做好总结。总结的关键是，团体成员要找出本期工作中存在的一些问题，以及对本期所取得的成绩进行总结，同时也需要对下级的工作内容、工作重点进行一个初步的计划。与此同时，团队主管需要对整个团体的业绩情况进行报告并对出现的情况进行说明解释。

在进行总结之后，团队的主管需要和其他的管理者进行协商，从而对自己团队的业绩目标进行选择和确定。管理层在对目标制定的过程中，需要根据所掌握的信息，对其他因素进行考虑，比如以往的数据行业的发展趋势、竞争趋势等外部因素，采取科学的方法和工具，对这些因素进行科学合理的分析，然后根据分析的结果，制定出可行性较高的团队目标。

2. 目标的初步分解

目标分解的过程一定要遵循参与决策的方式。采取由上而下与由下而上相结合的模式，在共同参与的基础上进行目标的确定，同时也需要对如何实现这一目标达成统一。比如团队本期的目标和上期相比增加了20%，那么在团队的会议上，团队成员首先要将自己上级的目标乘以120%作为基期目标，然后对业绩量进行适当的减少或增加，从而确定自己的目标，此时团队成员设定的个人目标往往要比团队制定的目标高。诱导个人设立更困难的目标，这是参与决策的一个主要优点，参与决策的主要目的就是让个人的潜能得到最大程度的发挥，从而对团队的业绩带来积极的推动作用。

3. 建立与之适应的团队文化

要建立一种和团队目标相适应的团队文化，这样就可以达到提高团队成员满意度、鼓舞团队成员士气的作用。最有效的措施就是从文化的制度上来保证目标。这主要包括以下几种形式：第一，争取在团队的内部形成一种善于拼搏、积极向上、勇于挑战的文化氛围。比如公司可以在每个季度评选出金牌业务员、优秀职工等，并张榜公布和宣传，同时也给予物质奖励。第二，让团队成员之间形成互相帮助的工作氛围。每个季度可以评选出最热心的成员，并且给予一定的物质奖励和精神奖励，这对于提高团体的凝聚力具有至关重要的意义。第三，需要进行一些必要的负强化工作。比如，有的团队采取末位淘汰的制度，该制度是一把双刃剑，如果过激，就会打击员工的积极性，从而降低员工的职业满意度。因此，需要对末位的员工进行重新培训，帮助末位员工重新找到自己的位置和努力方向，这样才可以让企业的人性化管理理念得到最大的体现。

4. 目标的深度分解

团队成员结合自己的目标，透彻理解团队整体的竞争策略，找出自己的思路与团队整体思路之间存在的差异与分歧，分析原因，对自己的目标做进一步的细分、安排与落实。

5. 拟订工作计划

召开确定工作计划的团队会议，每个人就自己的计划与其他队员进行研讨，反复修正计划，增加计划的可操作性与执行力，充分考虑执行阶段的监督与控制。通过强化沟通和反复论证，团队成员一起拟订出既能从全局把握团队整体的发展方向，又能深入实践操作的，目标一致且清晰度高的工作计划。

（二）团队目标的实施

由于每个人有了具体的、定量的明确目标之后，在目标实施过程中就会自觉地、努力地去实现这些目标，并对照目标进行自我检查、自我控制和自我管理。这样，能充分调动各部门及每个人的主观能动性和工作热情，充分挖掘其潜力。为实现有效控制，必须建立科学的控制体系。团队与个人的自我控制、自我管理的能力应当努力提高，并与相互控制、相互管理结合起来，以保证目标执行的万无一失。

1. 自我控制与自我管理

目标管理的最大优点是，能用自我控制的管理来代替由别人统治的管理，并使员工能在某种程度上控制自己的成就。自我控制意味着更强的激励：一种要做到最好而不是敷衍了事的愿望。它意味着更高的成就目标和更广阔的眼界。

2. 监督与咨询

在目标的实施阶段，主管的监督控制要坚持"重结果更甚于手段"的原则，充分授权，并明确其责任，不再对成员的实践操作指指点点，给他们更大的施展空间。在企业中，管理者要抓住关键的销量、重点产品的业绩进度，以及计划工作的执行进度，以它们为预警指标。对那些偏离计划的员工，要及时进行沟通和调查，找出问题、提供咨询、寻求对策，视情况做出必要的调整；对表现优秀的员工，则采取"无为而治"的态度。

3. 反馈与指导

在进行实践操作的过程中，一般都会出现"将在外，君命有所不受"的现象。但是作为团队成员，在每次完成任务以后，应该具有将信息及时反馈给主管领导的意识，这样一来，团队主管就可以对团队成员的动向进行深入的了解。反馈与指导存在正式与非正式两种，像定期地召开小组会、对成员工作完成情况进行讨论等都属于正式反馈的范畴。当出现问题时，团队主管需要依据成员的需求，进行一次专门性的研讨，或者采取定期书面报告的形式。而非正式的反馈与指导，则不受时间以及场合的限制。在实际的工作之中，反馈与指导可以对员工的能力进行培养和提高。及时的、具有建设性的指导与反馈可以对员工顺利完成任务提供很大的帮助。主要是因为大部分的管理者曾经都是这一行业最优秀的人才，也是整个项目的规划者，因此就可以对外界的环境变化有一个详细准确的掌握。阶段性的评价反馈，可以让员工了解什么是好的、什么方面需要改进。此外，平等、活跃开放的反馈性讨论在很大程度上可以对员工的潜力和灵感进行激发。

4. 信息管理

管理最基本的要素就是信息。在任何的目标管理体系中，信息管理都具有举足轻重的作用。对目标进行确认，需要获取大量的信息；对目标进行执行，需要对信息进行加工和处理。目标实施的过程，其实也就是信息的传递和转化的过程。维持目标管理正常运行的纽带就是信息，信息传递可以对管理者与团队成员之间的及时有效的沟通产生影响。团队成员需要对管理层的态度进行了解，也需要对团队对自己的真实期望进行了解。这些都需要对信息的收集、采集、加工、处理等进行强化。

5. 团队目标的激励与考核

达到目标，仅靠主管的监督是不够的，还需要建立健全的目标考核体系来对业务行为进行引导、约束和激励。有的组织对业务的绩效考核目标过于单一，导致个人目标与组织发展方向极不协调。组织需要采取多元的目标体系，以引导和约束个人的行为动机与组织的发展方向在空间上与时间上的协调一致，并通过激励来引导个人行为。

目标考核，就是把实现的成果同原来制定的目标相比较。检查目标实施的进度、质量、均衡、落实情况，还有目标对策（措施）的落实情况，及时发现问题、解决问题，按照目标管理要求进行最终评价与奖励等。

二、领导与执行

(一) 领导者行使权力的模式

1. 压低权力型的领导者

这种领导者一般都属于菜鸟主管,或是刚刚晋升为主管,或是不习惯自身领导身份的人。压低权力型的领导者大多都希望得到别人的支持,让员工喜欢自己,因此在日常的工作中,就会不自觉地放下身段,希望给予下属平易近人的感觉。压低权力型的领导者最大的危机在于,他的话会逐渐失去应有的力量,甚至为了怕得罪人,导致自己决策的速度和力度出现减缓。久而久之,这种类型的领导就会给员工留下一种优柔寡断、不作为的感觉。

2. 放大权力型的领导者

这种领导者会对自己的权力进行夸大,工作态度强悍。这与压低权力型的领导者截然相反。动辄骂人不留情面、自我本位等都是放大权力型领导者最典型的行为。

3. 尊重权力型的领导者

这种上司通常使用"我们"作为沟通模式,能妥善协调上下关系,以期顺利完成工作目标。他愿意鼓励部属提出想法,照顾员工并适时提出奖励。尊重权力型的领导者通常拥有真正的自信,所以能广纳雅言。同时,这种上司自我督促的自觉性非常强,能减少以自我为中心的行为及判断。

(二) 执行力与执行的关键因素

执行力,对个人而言,就是把想干的事干成功的能力;对于企业来说,则是将长期战略目标一步步落到实处的能力。把想做的事做成功,对于企业来说有以下三个关键点。

1. 好的机制是执行成功的一半

在现代企业管理机制中,搭建具有十分重要的作用。作为一个团队的管理者,为了让执行工作可以取得好的效果,需要对管理机制的建立进行不断的优化和改善。在进行每一项任务执行之前,需要对谁来执行、怎么样执行、谁向谁汇报、汇报频率、执行目标考核制度等进行确定。设立清晰的目标和实现目标的进度表。这个目标一定要可衡量、可检查,不能模棱两可。再者,目标一旦确定,一定要层层分解落实。

2. 有效执行的前提就是监督和考核

为了将"红绿灯机制"进行更好的贯彻,那么在十字路口就需要安装监控探头和交警值班，这样才可能对更多的违规现象进行处罚。由此可见，监督和考核可以让交通违规现象在很大程度上减少。但是如果没有监督和考核，即使有红绿灯，也不一定就有效果。企业的管理和交通的管理具有相似的地方。试想，一个企业一旦缺少考核机制，那么其出错的概率就会大幅度增加，甚至可能导致企业破产。

3. 企业科技化水平的提高是执行所依赖的

在现代企业管理中，伴随智能化办公系统软件的不断开发与发展，企业执行的难度在逐步地减小，但是其执行的规范化和精细化程度却在升高。

对员工不折不扣的执行精神进行培养是一件很好的事情，但是依据 80/20 法则，在任何企业中，优秀员工的比例都不可能过高，大部分还是普通的员工。因此，作为一个企业的管理者，让普通员工更好地执行任务、实现企业目标就是其主要的任务。所以作为一个团队的管理者，在进行团队成员执行能力培养的同时，还需要将科技化的手段引入进来，对流程进行简化，这样就让执行变得简单，从而使普通员工也可以完美地执行任务。

三、新创团队管理中的问题与对策

（一）团队成员间的合作与竞争

在创业初期，一个团队有较强的凝聚力、良好的业绩以及未来的发展潜力等，这与管理者作用的发挥具有密切的关系。管理者对团队管理的效果，对团队的兴衰起到决定性的作用。

在团队中，成员与成员之间的关系往往会走向两个极端：一是成员按照自己的个性，最大限度地发挥自身的才能，于是一些个人能力很强的成员之间可能会形成恶性竞争，从而不利于其个人和组织目标的实现。二是团队中的成员由于经常在一起生活和工作，常常会导致成员之间相互依赖，从而失去相对的独立性，阻碍成员积极性的发挥。合作与竞争理论认为，人们如果各自为战，认为双方目标没有关系，就会漠视他人福利或困难，对之袖手旁观，组织也会成为一盘散沙、士气低落；如果人们处于竞争关系，相互之间就会封锁信息和资源，甚至相互攻击和破坏。

在团队中，成员保持自己的个性，最大限度地发挥自己的才能，对于实现自己在团队中的价值、为团队和企业实现目标有积极的意义。团队成员只有相互合作、相互依赖，团队的作用才能得到发挥。因此，团队管理者面临的问题就是，如何使团队成员之间保持适度竞争的同时，使每一位成员最大限度地发挥自己的作用，使团队成员之间既能保持相对独立性，又能密切合作、共同努力。最后在团队中形成共同目标和合作氛围，在共同目标下合作，成员之间相互尊重、共享信息和资源、相互交流、取长补短。

（二）团队成员间的沟通与协调

团队成员之间的文化背景、宗教风俗习惯等都存在差异，团队成员之间的文化冲突是不可避免的。比如语言上的差异，当团队成员在进行信息交流的过程中，可能会导致信息传递的丢失和失真。团队成员具有不同的文化背景，因此每个成员都戴着有色眼镜来感知信息，这必然会对信息的理解出现偏差，甚至误解。在进行合作的过程中，团队成员的防卫心理和行为都是习惯性的，这也在很大程度上阻碍了团队内部的沟通。

团队每个成员都有自身的核心竞争力，要把这些强势个体糅合在一起，本身就具有很大的挑战性。同时，每个成员有着不同的作息时间、不同的工作学习顺序、不同的生活方式等，这也给整个团队的协调增加了难度。此外，每个成员的技术熟练程度不同，也可能会导致信息的单向流动和反馈的不及时，进而影响整个团队的效率。

建设性冲突理论认为，团队虽然着力使成员形成合作关系，但这并不意味着团队中不允许存在不同意见。不同目标是形成高质量决策的前提。只要团队真正形成了合作关系，人们就会坦诚地交换意见，吸取对方意见中有价值的成分，在充分交流的基础上达成共识。通过建设性冲突的处理，团队的成员会更加认同团队的目标，团队的合作关系也就更加巩固。

（三）团队成员间的认同和归属

依据现代管理学家对人性研究的结果，可以将人性分为经济人、社会人、自动人、复杂人四种类型。其中自动人可以为团队的建设提供更为可靠的理论基础。在自动人的逻辑中，人的好逸恶劳的天性是不存在的，人的潜力需要充分表现才能充分发挥出来。现代管理认为，人是有欲望和需求的，人的欲望和动机可以对人的行为产生影响，只有对人的需求进行满足，才能对人的行为产生激励作用。

团队的特点决定了自我管理是其主要的管理方式，这就给成员个体充分利用自己的信息优势来规避义务或责任留下广阔的空间。每个团队成员都是理性的，都拥有自身的核心竞争力，可以轻易离开所处的团队。这不仅会造成团队人才的流失，影响工作的顺利进行，而且也可能造成知识、信息、技术的泄露，给组织带来严重损失。

作为组织中的一名成员，在加入一个团队一段时间后，就会对他所在的团队逐渐认同，成员的这种认同感可以在很大程度上促使成员接受团队价值观、态度、工作习惯等。但是这种认同感是需要采取一定的手段才可以达成的。员工卷入理论指出：增强员工对团队认同感的一项主要措施就是让员工参与决策和管理，让员工可以对关系自身利益的一些决策提出建议，这样就可以在很大程度上，对员工的自主性和对工作的控制程度进行提高。在组织中，人如果具有决策权，就会对组织的目标更加认同，并且会以积极主动的态度执行决策。

（四）应对策略

1. 打造团队文化

发挥团队文化塑造价值和传递价值的双重作用，能够深入员工内心，使员工紧密团结、荣辱与共。为及时消除团队内耗，营造一个相互帮助、相互理解、相互激励、相互关心的工作氛围，从而稳定工作情绪，激发工作热情，形成共同的价值观。

2. 增强归属感

应该在员工清楚自己角色的基础上，留住员工的心，增强员工的归属感。组织应积极帮助员工进行职业生涯规划，让员工更好地规划自己的人生方向。只有员工更好地开发自己的潜能，实现自我价值，才能为组织带来更多的价值。

3. 加强沟通

沟通是指人与人之间、组织与组织之间的信息交流。作为团队领头人，要能信任下属，充分授权，培养员工的成就感；要开诚布公，利用多种方式，让每位成员充分了解组织内外的信息，解释团队作出某项决策的原因，鼓励成员发表自己的看法，做到充分沟通、坦诚相待、客观公平。

4. 尊重与信任

团队的尊重与信任包括两重含义：一是特定团队内部的每个成员能够相互尊重和彼此理解；二是组织的领袖或团队的管理者能够为团队创造一种相互尊重、彼此信任的基调，确保团队成员有一种完成工作的自信心。人们只有彼此尊重信任对方，团队共同地工作，才能比单独工作更有效率。

第四章

大学生创业机会与创业风险

第一节 创业机会

一、创业机会的识别

(一)创业机会的概念

国内外专家学者对创业机会的定义有多种。奥地利经济学家熊彼得(1934)将创业机会定义为通过把资源创造性地结合起来,满足市场需要,从而创造价值的可能性;英国经济学家卡森(1982)提出创业机会是一种新的"目的—手段"关系,能把经济活动引入新产品、新服务、新原材料、新市场或新组织形式,得到比生产成本更高价值的情形。国内学者普遍认为,创业机会是指在市场经济条件下,在社会经济活动过程中,形成和产生的一种有利于企业经营成功的因素,是一种带有偶然性并能被经营者认识和利用的契机。

综合来看,创业机会主要是指具有较强吸引力、较为持久的有利于创业的商业机会。创业机会并不是一般意义上的商业机会,它属于广义的商业机会范畴,借助价值创造过程中的"目的—手段"关系,可以更好地理解创业机会的独特性,创业机会一般具有以下特征。

1. 具有普遍性

创业机会普遍存在于各种经营活动过程中,任何有市场或经营的地方,都存在创业机会。

2. 具有真实性

创业机会是社会、市场或者用户的真实需求,而不是伪需求。

3. 具有偶然性

所有创业机会的产生都有"意外"因素，识别和捕捉创业机会都具有偶然性和不确定性。

4. 具有消逝性

创业机会存在于特定的时间和空间范围内，往往随着产生创业机会客观条件的变化，创业机会就会随之消逝。

准确地识别市场需求、有效获取并整合资源以及合理的决策是创业成功的基本保证，只有全面细致地了解创业机会的特征，才能掌握识别创业机会的方法。随着人们对创业机会的深入探索，创业机会才会不断被捕捉，从而产生更多的创业活动，产生更多的新技术、新产品和新服务，最终改变人类生活。

（二）创业机会的类型

好的创业机会必然具有其特定的市场定位，专注于满足消费者的需求，同时能为消费者带来增值的效果。创业需要机会，而获得创业机会要靠发现。一般创业机会根据性质不同，可以分为以下主要类型。

1. 创新型机会

创新型机会是创业者利用市场的不完善，开发全新市场，通过技术创新变革，向市场提供全新的产品或服务的一种可能性。比如，苹果、微软等企业核心竞争力在于技术的创新。机会在需求中寻找，根据需求变革技术或模式。

2. 模仿型机会

模仿型机会是创业者在未饱和的市场中，通过模仿别人的技术进行很小程度的创新，优化现有产品或服务，从而满足市场需求，实现创业利润的一种情形。比如，百度模仿谷歌，但百度更适合中国人，机会要在优化资源配置中寻找。

3. 发现型机会

发现型机会是创业者将新技术应用到不同领域，与其他行业进行深度融合所产生的一类机会。例如，阿里巴巴将网络和商业买卖深度融合到一起，改变了我们传统的消费观念。一旦机会得到开发，成功的概率也较大。

4. 识别型机会

识别型机会是创业者通过将已有技术和已知需求进行组合，以实现新的用途和价值而获得的创业机会。比如，百合网立足我国庞大的人口数量和现代寻找伴侣难的现状，结合科学的心理分析，将成长背景、爱好兴趣、气质性格、学历水平和价值观等相近甚至相同的人搭配在一起，提高配对率。

（三）创业机会的来源

一般来说，创业机会来源于市场需求和变化。产业结构的变动、消费结构的升级、人们思想观念的转变、人口结构的变化等都会带来创业机会。同时，创业者可通过对环境的分析，认清宏观的、微观的、行业的环境因素及其发展趋势，从新技术、新问题和竞争中都可以找到创业机会。创业机会的来源主要有以下途径。

1. 新市场的需求

发现新的市场需求需要对已有市场进行细分，找到适合自身发展的"缝隙市场"。出色的创业者擅长利用市场"缝隙"创建成功的"缝隙企业"。比如，合肥工业大学宣城校区大学生创业团队创办的宣城市×墨文化创意有限公司，是一家文化创意设计公司，其主要业务是开发设计皖南地区小景区的旅游纪念品。随着人们越来越注重提升自身的生活品位和质量，外出旅游的人越来越多，但因为到大景点旅游的人流量太大，许多人就不愿意去大景点，更愿意去那种景色优美、尚未开发或者正在开发的小景点，但小景点配套不完善，景区几乎没有特有的纪念品，旅游者想购买一份景区纪念品却找不到地方，所以×墨文化创意有限公司就利用这个市场空白，与皖南地区许多待开发的小景点取得联系，为各景点设计制作有景区特色的精美文创旅游纪念品。目前，设计的纪念品销售前景较好。

2. 新技术及新知识的出现

新技术和新知识有助于创业者创造出消费者需要的新产品或新服务。随着互联网的普及，各种App、二维码等技术逐步成熟，人们遇到的许多问题都可以通过专门的App和二维码等进行了解和解决。在这样的背景下，大学生创业项目"聆听宣城"工作室应运而生，该项目就是针对小景点配套不完善、没有专业导游而设计开发的。许多游客去了小景点，但是不了解景区的历史文化和特殊含义，也找不到专业导游讲解，所以，"聆听宣城"项目就搜集各类景区里各景点的历史文化和故事，录音做成专业讲解，设计成二维码，与各景区合作，张贴在景区各景点比较显眼的位置，供游客下载聆听。目前项目取得良好的效果，获得了较大的数据流量，也带来了可观的收入。

3. 新利益的创造

新利益的出现能够让产品功能更完善，让产品或服务性价比得到有效提升，并有可能创造多方共赢的局面。像这样的案例有很多，如大学生创业团队"伞行工作室"就是利用共享经济的原理达到共赢的。在共享经济越来越发达，共享单车风靡之际，"伞行工作室"利用共享单车的技术和原理，开发了共享雨伞，团队跟许多高校和超市合作，推行共享雨伞项目。目前该项目运营前景较好。

4. 政策、法规的变化

国家政策、法规的出现或者变化，往往也会让人的行为规则发生变化，从而产生诸多创业机会。例如，大学生创业项目"新型物联网智能生物燃烧器项目"主要是解决秸秆的回收和利用问题。随着居民环保意识的提高，国家及各地市出台了诸多关于燃烧秸秆的政策法规，对燃烧秸秆的管理特别严格，在我国许多农村，到处都挂着"田里有灰、罚款五百，田里冒烟、罚款一千""焚烧秸秆可耻，利用秸秆光荣"等横幅标语，但是对于农民来说，秸秆无处安放，也找不到好的方法利用，最好的解决办法就是燃烧。对此，创业团队开发了新型物联网智能生物燃烧器，对秸秆进行综合回收和利用，取得了很好的效果，既解决了环保问题，又解决了很多农民的现实问题。

5. 社会和人口结构的变化

社会和人口结构的变化改变了人们对产品和服务的需求，需求的变化就产生了新事物、新技术和新服务的创业机会。中国人口老龄化的速度越来越快，在未来，中国可能成为较早进入老龄化社会的发展中国家之一。因为中国"百善孝为先"的传统，且老年人的数量不断增加，因此产生了很多创业机会。例如，大学生创业项目"吾谷知道"工作室就是为老年人开发搭配各类美味松软的食物。因为许多老年人牙口不好，咀嚼食物不方便，于是创业团队与各养老院和医院合作，专门为老年人开发了便于咀嚼和消化的食物，把各种菜和主食做成果冻状或糊状，做到既营养均衡，外观又好看，还便于消化吸收，项目具有较大的商业价值。

（四）创业机会的识别过程

1. 机会识别阶段

创业机会的识别过程是思考和探索的互相反复，并将创意、创新进行转变的过程。在这一过程中，机会的潜在预期价值和创业者的自身能力得到反复的权衡，创业者对创业机会的战略定位也越来越明确。

（1）机会搜寻阶段。机会搜寻阶段主要是创业者对市场需求中可能存在的创意进行搜索，如果创业者意识到某一创意可能是潜在的商业机会，具有潜在的发展价值，就将进入机会识别阶段。创业者在这一阶段需要从各种途径尽可能搜寻更多创业点子和想法，先不去急于评价点子的优劣,只需要把所有的想法都记录下来。

(2)机会筛选阶段。机会筛选阶段主要是从创意中筛选合适的机会,包括两个步骤:一是通过对整体的市场环境和一般的行业进行分析,判断该机会在广泛意义上是否属于有利的商业机会,即标准化的机会筛选阶段;二是对于特定的创业者和投资者来说,这一机会是否与创业者的资源和能力相吻合,是否与投资者的兴趣点和价值期望相一致,即个性化的机会筛选阶段。

(3)机会评价阶段。机会评价阶段主要是创业者根据各项财务指标、创业团队构成和创业资源整合等情况对创业机会的可行性进行考核,通过这一过程来决定是否正式组建企业。通常机会筛选和机会评价是共同存在的,创业者在对创业机会进行筛选时也在有意无意地进行评价。

另外,在机会识别的初始阶段,创业者可以非正式地进行市场需求调查和确定所需资源,直到决定这个机会是否值得考虑或进一步深入开发。在机会评价阶段主要集中考察这些资源的特定组合能否创造出足够的商业价值。

2. 影响创业机会识别的因素

创业机会的识别是一个不断调整、反复均衡的过程。不同创业者关注的创业机会往往是不同的,同一个创业机会对于不同的创业者来说,对其评价也会不同。因此,创业机会识别过程要受创业者的个人特性、创业机会的本身属性和所在的外界环境等多种因素影响。很多学者对创业机会识别的影响因素开展了大量的研究,认为主要有以下四种影响因素。

(1)先前经验。创业者的认知能力在很大程度上是由个人的先前经验所决定的。如果创业者在某一特定的领域中有相关先前经验,则这一经验有助于创业者识别出该领域的创业机会,这被称为"走廊原理"。"走廊原理"是指创业者一旦在某一领域中创建企业,便开始了一段创业之旅,在这段旅程中,通向创业机会的"走廊"将变得清晰可见。通常而言,创业者一旦投身于某个领域创业,那么他比该领域外其他观察者更容易看到领域内的创业机会。

(2)认知因素。创业机会识别可能是创业者一项先天性的技能。有专家认为,创业者在识别创业机会过程中有"第六感",这"第六感"使他们能看到别人看不到的创业机会。对此,很多创业者认同此观点,他们认为自己比其他人对创业机会更警觉,警觉是一种"习得性"的技能,如果创业者在某个领域拥有更多知识,那么他在该领域内对创业机会比别人更警觉。

（3）社会关系网络。创业者社会关系网络能给其创业带来有价值的创业机会和信息。研究发现，创业者社会关系网络带来的信息是其识别创业机会的主要来源，创业者社会关系网络的深度和广度影响着其识别创业机会的能力，往往社会关系网越深、越广，则越利于创业机会的识别。

（4）创造性。人的创造性是产生新奇想法或新创意的过程。创业机会识别过程是一个创造新价值的过程，即通过反复不断的创造性思维，并将其付诸行动，最终形成新产品、新服务、新原材料以及新组织形式的过程。

（五）创业机会的识别方法

创业机会识别是创业领域中的关键问题。掌握创业机会识别方法和技巧，是创业过程中的基本创业技能，也是获得创业成功的基本保障。常用的创业机会识别方法主要有四种：市场调研法、系统分析法、问题导向法和创造革新法，下面进行简要介绍。

1. 市场调研法

创业者通过与顾客、供应商、销售商之间的交谈，或在他们之间开展问卷调查，了解市场正在发生和将要发生的情况，从而获得自己所需要的第一手信息；也可通过阅读相关专家撰写的书籍，查阅包含所需信息的报纸、杂志等文献作品，或利用网络搜索相关信息等方法来发现可能的创业机会。

2. 系统分析法

一般而言，通过系统分析，绝大多数的创业机会都可以被发现。创业者通过系统分析，可以从社会的宏观环境（如政治、文化、法律、技术、人口等）和行业微观环境（如顾客、竞争对手、销售商、供应商等）的变化中发现创业机会。

3. 问题导向法

创业者找出某个群体、某个组织或某个行业的需求和需要解决的问题（这些需求和问题可能很显性，也可能很隐性），针对这些问题能用一个有效且有回报的方法解决，这是识别机会的基础。问题导向法需要创业者全面了解顾客的真实需求以及可能用来满足这些需求的方法。

4. 创造革新法

创造革新法在新技术行业创业中较为常见。它可能始于明确要满足某个市场的特定需求,从而开始积极探索相应的新技术和新知识;也可能始于一项新技术发明,进而积极探索这项新技术的商业价值。通过创造革新获得的创业机会比其他任何方式的难度更大、风险更高,但如果能够成功,其回报也就更大。

二、创业机会的评估

(一)创业机会的评估原则

对创业机会进行评估,一般主要从项目盈利时间、市场规模、资金需求、投资收益、成本结构、进入障碍、控制程度、退出机制、致命缺陷等原则进行综合把握。

1. 盈利时间

有价值的创业机会一般使创业项目能在两年内盈利或者达到盈亏平衡。如果创业项目运行三年及以上才能盈利,那么对创业者来说,这种创业机会一般不具有很强的吸引力,因为大多数创业者支撑不了这么长的时间,同时创业合作伙伴也没有足够的耐心去等待。因此,创业机会盈利时间越短则越具有价值。

2. 市场规模

一般而言,项目市场规模越大则创业机会就越有价值,因为项目市场规模大并在持续发展,创业者进入后,初创期即使只占市场很小的份额,也能够生存下来,安全过渡。另外,因为市场足够大,竞争对手对自己也构不成威胁。如果市场规模很小,在项目初创期就会被竞争对手抢占市场份额,市场不足以支撑企业长期发展。

3. 资金需求

往往项目的资金需要量越小越具有优势。如果一个创业项目需要的资金量很大,那么这个创业机会往往就不会被创业者看好;往往资金需要量较少或中等的创业机会更容易受到创业者的欢迎。一般而言,大多数有较大潜力的创业机会需要相当大的资金来启动。创业者应根据自身的资金实力或可动用的资源情况来对创业机会进行评估,对资金需求量超出自己资金能力范围外的创业机会尽可能地排除在考虑范围之外。

4. 投资收益

项目的投资收益越高,对创业者的吸引力越强。创业的最终目的就是获取收益,所以有价值的创业机会需要有较高的盈利能力,需具备较高的毛利率或市场增长率,毛利率高说明创业项目的获利能力比较强,市场增长率高则说明市场的发展潜力较大,能使投资的回报增加。一般来说，如果年投资收益率达到25%以上，这样的创业机会往往是很有价值的，而年投资收益率低于15%的创业机会，往往不会对创业者产生较大的吸引力。

5. 成本结构

创业项目的竞争优势之一是项目成本。成本越低，往往会给创业企业带来的竞争优势就越大，那么这个创业机会的价值就越大。通过项目技术和工艺的改进、管理的优化、扩大规模等方法都可以产生低成本优势。如果创业机会产生的创业成本较低，那么对于创业者来说是非常有利的。

6. 进入障碍

项目市场进入障碍包括资源、政策的限制、市场的准入控制等多方面。市场进入障碍能削弱创业机会价值，如果创业机会面临着进入市场障碍，那么就不是一个有价值的创业机会。同时，也要辩证地看待进入市场障碍，因为进入障碍的大小是针对创业者本身情况而言。如果创业者进入市场以后，不能有效地阻止其他企业进入市场，这也不能算是一个好的创业机会。

7. 控制程度

有价值的创业机会一般能够对渠道、成本或价格有较强的控制。如果在市场上不存在强有力的竞争对手，创业者对项目的控制程度就比较大。但如果在市场中竞争对手已掌握了原材料来源、独占了销售渠道、取得了较大市场份额、对于价格有较大决定权等，对市场具有较强的控制能力，那么对于初创企业来说发展空间就很小。如果市场的容量足够大、竞争对手损害客户较大的利益或创新精神不足，那么初创企业还是有发展空间的。

8. 退出机制

有价值的创业机会应该有较好的退出机制，这样能便于创业者和投资者获取资金和实现收益。没有退出机制或退出机制不完善的创业机会是不具有吸引力的。

9. 致命缺陷

具有价值的创业机会不应存在致命缺陷，相反，如果存在一个或多个致命缺陷的创业机会则是没有价值的创业机会。

（二）创业机会的评估要素

1. 市场情况

（1）市场基础。创业项目需要具有专注于满足潜在客户需求的特定市场基础，在满足顾客需求的同时,能为顾客带来增值的效果。一般能为顾客带来增值的效果越好,则创业机会的成功率就越高。

(2)市场结构。可以从进入障碍、上游厂商、顾客、渠道商的谈判力量、替代性竞争产品的威胁以及市场内部的竞争激烈程度等六个方面进行市场结构分析,从而得知创业项目未来在市场中的地位。

(3)市场规模。一般创业项目市场规模越大,则进入障碍就越低,但市场竞争会增加,成长性不足,利润空间也相对较小;反之,项目处于正在成长的市场,则充满商机,但是准入门槛较高。

(4)市场渗透力。市场渗透力是一项非常重要的影响因素,一般创业者在推出产品或者服务前要充分做好准备和铺垫,选择最佳时机进入市场,渗透力也将会增强。

(5)市场占有率。市场占有率是体现项目市场竞争力的关键指标,市场占有率越高则越有投资的价值,越能被顾客认可。

2. 项目效益

(1)税后净利润。一般来说,具有吸引力的创业项目,至少需要15%的税后净利润,低于5%的税后净利润往往不是好的创业机会。

(2)投资回报率。一般而言,合理的投资回报率应该在25%以上,低于15%的投资回报率的项目将不是一个值得考虑的创业机会。

(3)资本需求。往往资本需求低的创业项目比较受欢迎。越是知识密集的创业项目,往往资金的需求越低,投资回报率越高。

(4)毛利率。一般而言,毛利率高的创业项目相对风险较低,较容易达到亏益平衡。理想毛利率在40%以上,低于20%的毛利率不是重点考虑的创业项目。

3. 创业团队

(1)经验和专业背景。创业团队核心成员具有一定的创业经验,专业能力方面能够形成互补,则项目成功概率较大。

(2)品德人格。重视诚信、正直、公平、公正等品德,遵守基本做人处事原则的创业者,则项目越容易成功。

(3)团队目标。一般而言,创业机会与团队目标契合程度越高,则创业者投入的精力和风险承担意愿也就越大,项目也就越容易成功。

4. 竞争优势

(1)成本竞争。创业项目越能对物料成本、制造成本、管理成本、销售成本等拥有掌控与持续降低成本的能力,则越具有竞争优势,并且是一个具有吸引力的创业机会。

(2)市场控制力。创业项目对关键的材料来源、经销渠道和产品价格等方面越具有控制力,能够摆脱对手的控制,创业就越容易成功。

(3)进入障碍。一般创业项目进入障碍门槛太低,会有大量的竞争对手,竞争很大,不是好的创业机会。如果项目能够制造进入障碍,如申请专利、核心能力、稀有资源、关键技术、高品质低成本等,保护自身市场利益,则是很好的创业机会。

(三)创业机会的评估方法

虽然不同学者对创业机会定性分析的内容不一样,但在创业机会定性分析上都需要着重考虑以下四个方面:首先,确定该市场机会所需的成功条件;其次,分析自身在该市场机会上所拥有的优势;再次,创业者所拥有的竞争优势;最后,与期望的发展方向和目标是否一致。

三、创业机会的评价

(一)有价值的创业机会的特征

1. 有吸引力

百森商学院教授蒂蒙斯等人认为,好的机会需要有需求旺盛的市场和丰厚的利润,只有吸引客户,才可能具有良好的市场前景和潜力,才可能创造出超额的经济利润。创业企业无论初始规模大小,成长都要迅速,能够较早实现充足的自由现金流,盈利潜力高,并且能为投资者提供切实可行又极具吸引力的回报。唯有如此,才能在激烈的市场竞争中站稳脚跟。

2. 持久性

好的创业机会一般具有可持久开发的潜力,并且能够为企业带来持续的竞争优势。众所周知,机会转瞬即逝,创业者在拥有创业的基础条件后,还必须准确把握机会,将好的思路付诸实践。不同的创业机会的生命周期也不同,有的创业机会稍纵即逝,有的创业机会持续时间可能会稍长,但是如果不尽快把握最佳创业时机,就会导致机会丧失或创业失败。创业机会的生命周期的长短受诸多因素的影响,创业者可采取以下措施延缓创业机会的生命周期:首先是建立限制其他创业者模仿的机制,如将创业的核心内容作为商业机密进行保护,或申请专利保护,或签订垄断合同;其次是减缓信息扩散的速度;最后是尽量获取其他人无法模仿、替代、交易或获得的稀有资源。

3. 及时性

有价值的机会一般都源自客户在各个领域面临的难题，只有迅速找到解决难题的办法，并面向市场尽快推广，才会实现其价值。有些机会具有较大的市场容量，但是时机没到，市场没有成熟。这样的机会风险就比较大，只有做到能够及时满足顾客需求、占领市场，才能支撑起初创企业的生存。

4. 依附于为用户创造服务

好的创意必须能为顾客带来价值和利益，所以，无论创业的形式表现为产品还是服务，抑或是业务，都必须能为顾客带来实实在在的价值。

但在实践中，准确把握有价值的创业机会并不容易，其原因在于，时间对于创业者来说，既可以是"朋友"，也可以是"敌人"。如果想要通过深刻细致的方法评价创业机会，一个季度可能不够，一年也不一定够，甚至十年都不一定够，这就是残酷的现实。而在这个现实中最困难的一点就是：创业者必须找到能把好的思路付诸实施的最佳时机，并准确把握住这个时机。正因如此，创业活动才形成了创造神话与梦想幻灭的独特魅力：许多人尝试，一些人成功，少数人出类拔萃。

5. 个人与创业机会的匹配

对于任何人而言，有些机会只能看见，却不能为自己所把握。即使创业机会的价值潜力再大，如果自己缺乏相应的必备条件和因素，盲目行动带来的后果往往也可能是血本无归。那么，如何判断创业机会是否适合自己？至少需要从个人经验、社会网络、经济状况三个方面加以判断。

（1）在个人经验层面，要考虑以前的工作和生活经验是否能够支撑后续开发创业机会所必需的知识和技能。此时，经验的广度和深度扮演着重要角色，个人的工作经验越丰富，如既从事过营销工作，也从事过财务工作；既在房地产行业内工作过，也有餐饮业的从业经验；既做过公司的部门经理，也当过另一家公司的首席执行官。那么，这些丰富的经验就可能对把握创业机会非常有帮助。

（2）在社会网络层面，要考虑自己身边认识、熟悉的人能否支撑后续开发机会所必需的资源和其他需求。有研究已经证实，社会关系网络在创业活动中起着重要作用，社会关系网络越广，个体越容易发现创业机会，也更容易把握创业机会、实施创业活动。因为在创业过程中，社会关系网络不仅为创业者提供了信息、知识和资源，而且为创业者提供了必要的情感和心理支持。创业绝非易事，这些情感和心理支持是支撑创业者走向成功的关键因素。在开始创业之前，创业者需要对社会关系网络做出自我评价：有没有朋友愿意资助或借贷资金，可能性有多大；有没有朋友能带来生意，可能性有多大；有没有朋友能提供情感和心理支持等。

（3）在经济状况层面，要重点考虑的是能否承受从事创业活动而带来的机会成本。大量研究表明，在创业之初，大部分成功的创业者并没有充足的自有资金用于创业，但都有着报酬丰厚的工作机会。也就是说，需要考虑创业机会的价值潜力能否在长期内弥补因放弃工作而承担的损失。大规模问卷调查也发现，创业前的收入水平越高，个体越不倾向于放弃当前工作机会去创业；相应的，一旦个体做出创业选择，创业活动的价值和利润创造潜力也较那些创业前机会成本较低的创业者更高。

（二）创业机会评价的特殊性

大公司对机会的识别一般会借助于周密的调查研究。个体创业者往往依据以往的工作经验、对市场和消费者提出的问题的分析、朋友的建议、环境的变化以及意想不到的事件等识别创业机会。有些创业机会甚至是偶然发现的，一些创业机会是建立在创业者自身独特的创意基础上，其商业概念包含创业者的智慧和隐性知识，这些都会使对创业机会价值的评价变得相对困难。从这些角度分析，创业者评价创业机会，首先要看创业者是否具备开发创业机会的条件，也就是说，要注重创业者和创业机会的匹配；其次要对创业机会的价值做初始判断，重要的是开展市场测试，以便检验是否有真实的顾客，这是寻找创业机会的基础，也为判断创业机会提供依据。

创业者对机会的评价来自他们的初始判断，简单地说，初始判断就是假设加上简单计算。比如，假设一个家庭平均一周吃一袋方便面，中国有那么多的家庭，市场显然是很大的。这样的判断看起来绝对不可信，甚至会显得有些幼稚，却是有效的。机会稍纵即逝，如果每个创业项目都要进行周密的市场调查，那么很可能因调研的时间过长而错失创业机会，有时甚至在调研中发现很多困难，最后反而失去了创业的激情。

假设加上简单计算只是创业者对机会的初始判断，进一步的创业行动还需依靠调查研究，对机会价值做进一步的评价。一个靠预测分析、调查论证得出的有价值而且适合自己的机会不一定有顾客，更不一定能创造巨大的市场。大公司可以投入大量的资源开展周密的市场调查和策划，因为它们有实力，可以投入大量资金做广告宣传，可以投入大量资源推销创意。即使如此，不少大公司在此基础上还是谨慎地开展市场测试。杜邦公司当年研发了一种用于生产皮鞋的皮革——可发姆，公司大规模投产前专门用这种皮革生产了一批鞋让消费者试穿，搜集消费者的反馈意见；雀巢咖啡为打开中国市场，选择一些城市向住户投递小袋包装咖啡。创业者经常容易犯的错误是，自己认为好的，就一厢情愿地断定顾客也应该认为好。"己所不欲，勿施于人"，然而"己所欲施于人"也不一定能奏效。市场测试是把产品或服务拿到真实的市场中进行检验。市场测试与市场调查不完全相同，你询问一个消费者是否想购买和这位消费者实际是否购买很多时候是两回事。市场测试可以说是一种比较特殊的市场调查，是创业者的必修课程。

（三）创业机会评价的方法

对于创业者来说，创业成功的关键在于能从众多机会中找出真正有价值的创业机会，并采取快速行动来把握机会。在此，我们介绍几种可用于评价创业机会价值潜力的一般方法，掌握这些方法，有助于打算创业的大学生在发现创业机会后花费较少的时间、精力和成本迅速形成对创业机会价值潜力的基本判断。

1. 定性评价方法

哈佛大学商学院企业经营管理学教授霍华德·斯蒂文森等人（1994）认为，对创业机会的充分评价需要考虑以下几个重要问题：①机会的大小、存在的时间跨度和随时间成长的速度等问题；②潜在的利润是否足够弥补资本时间和机会成本的投资，带来令人满意的收益；③机会是否开辟了额外的扩张、多样化或综合性的商业机会选择；④在可能的障碍面前，收益是否会持久；⑤产品或服务是否真正满足了目标市场的真实需求。

隆杰内克等人（1998）提出了评价创业机会的五项基本标准：①对产品有明确界定的市场需求，推出的时机也是恰当的；②投资的项目必须能够维持持久的竞争优势；③投资必须具有一定程度的高回报，从而允许一些投资中的失误；④创业者和机会之间必须相互适合；⑤机会中不存在致命缺陷。

2. 标准打分矩阵法

标准打分矩阵法是通过选择对创业机会成功有重要影响的因素，并由专家小组对每个因素进行最好（3分）、好（2分）、一般（1分）三个等级的打分，最后求出对于每个因素在各个创业机会下的加权平均分，从而可以对不同的创业机会进行比较。

第二节 创业风险

一、创业风险的类型和特点

（一）创业风险的概念

创业风险是指在创业过程中，由于创业环境的不确定性，创业机会与创业企业的复杂性，创业者、创业团队与创业投资者的实力和能力的有限性等情况，从而导致创业活动偏离预期目标的可能性和后果。在创业过程中，创业者要投入大量的人力、物力和财力，要采用各种新的生产要素和市场资源，要建立或者对现有的组织结构、管理体制、业务流程、工作方法进行变革。在这一过程中，必然会遇到各种意想不到的情况和困难，从而有可能使结果偏离创业的预期目标。

说起创业风险，很多人会联想到困难、挫折、亏损甚至创业失败。不过，创业本身就是从 0 到 1 的过程，无论是创意阶段、创业准备阶段、创业启动阶段还是创业发展阶段，都存在或多或少的变数与不确定性。创业者只有充分认识风险、有效地规避和处理风险，才能逐步走向创业的成功。

对于创业风险，可以从两个角度来理解：一个角度强调了风险表现为结果的不确定性，包括在创业过程中阶段任务指标实现的不确定性和收益多寡的不确定性；另一个角度强调损失和没有收益的可能性。前者属于广义上的风险，后者属于狭义上的风险。

学术界与企业界尚无对创业风险界定的一致性意见。一般意义上，可将创业风险定义为创业者及其团队在创业过程中遇到或发生的风险，主要是指由于创业者及创业团队价值观的差异性、能力与实力的局限性、创业环境的多变性、创业机会与市场的复杂性、创业过程以及创业资源的不确定性导致创业进程受阻，偏离或未能实现创业预期目标的可能性及其后果。

一般按照创业风险影响范围，可分为系统性创业风险和非系统性创业风险。系统性创业风险是指源于创业者或企业之外的，由创业环境变化带来的风险，如产品市场风险、资本市场风险等，创业者或企业无法对其进行控制或施加影响。非系统性创业风险是指源于创业者或企业本身而引发的风险，如团队风险、技术风险、财务风险等，创业者或企业可以通过一定的手段进行预防和分散。

（二）创业风险的来源

由于创业过程往往是将某一技术或构想转化为具体的产品或服务的过程，而在这一过程中，存在着几个基本的、相互联系的缺口，它们是创业环境不确定性、创业机会复杂性和创业者能力与实力有限性的主要来源。也就是说，创业风险在给定的宏观条件下，往往就直接来源于这些缺口。在创业过程中，常见的有资金缺口、资源缺口、管理缺口、产品和市场缺口等。

1. 资金缺口

资金缺口主要包括两种：一种是融资缺口，创业者通常可以证明其构想的可行性，但往往没有足够的资金将其实现商品化，从而给创业带来一定的风险，一般只有极少数基金愿意鼓励创业者跨越这个缺口，如天使风险投资和政府资助计划等。另一种是财务缺口，创业之初进行科学合理的财务预算和管理、编制可操作性强的财务报表等都是影响创业者创业和融资成功的因素。

2. 资源缺口

资源与创业者之间的关系就如同颜料、画笔和画家之间的关系。没有了颜料和画笔，画家即使有构思也无从实现。创业也是如此，没有所需的资源，创业者将一筹莫展，创业也就无从谈起。在多数情况下，创业者不一定也不可能拥有所需的全部资源，这就形成了资源缺口。如果创业者没有能力弥补相应的资源缺口，创业可能无法起步，或者在创业中受制于人，从而在创业过程中遭遇巨大风险。

3. 管理缺口

管理缺口主要包括管理者综合素质缺口、创业团队稳定性缺口和决策缺口。管理者综合素质缺口是指创业者不一定具备出色的管理才能，特别是大学生创业者，由于经验、知识等方面的不足，虽然可能是技术方面的专业人才，但是不一定具备专业的管理才能，从而形成了管理缺口。创业团队稳定性在创业活动中也非常关键，创业初期往往非常艰难，如果团队成员的创业信念不坚定、不统一，那么创业团队很容易分崩离析。团队决策如果过于轻率和随意，则会导致企业出现方向性错误，给创业活动造成风险。

4. 产品和市场缺口

一般来说，创业企业会选择新市场、新产品或新服务进行开发，因此在创业初期市场风险很大，如果不能很好地了解市场需求，不能预知商业模式的可持续性，不能很好地把握产品的销量和利润，就会造成一定的风险。

(三)创业风险与创业机会

蒂蒙斯创业过程模型的阐述,说明创业过程始于创业机会,而不是资金、战略、渠道、团队或商业计划。开始创业时,机会比资金、团队的能力及所需的资源更为重要。在快速发展与变化的市场中,识别出创业机会并能捕捉机会,需要创业者具有敏锐的洞察力、超凡的想象力与执行力。正所谓"机会总是留给有准备的人",能否识别与捕捉到创业机会,更多地取决于个人能力。当然,个人的资源环境也会在一定程度上发挥作用。但是,大学生的学识、阅历、经验与能力的局限性,使其在创业机会的识别与把握上,很容易出现偏差。也就是说,大学生发现的机会,在市场上很可能已有同类的产品或服务,且竞争日趋激烈;或者是市场的需求并不明确,抑或是局部、短暂的需求;大学生由于机会产生的创意不具有先进性与可行性等。在诸如此类问题的背景下启动创业,就已经为创业埋下了风险,只不过风险还没有被发现或没有显现出来。

敏锐地识别创业机会,科学地评估创业机会,有效地把握创业机会是降低与规避创业风险的基础。针对大学生而言,丰富自身的知识,增加自己的阅历,锻炼分析能力、推理能力、判断能力,养成观察生活细节的习惯,关注社会与行业发展趋势,学会借助外部的资源力量创建团队,有利于大学生创业者更好地识别与把握创业机会,降低由于创业机会判断失误或盲目上马导致的先天性创业风险。

(四)创业风险与创业资源

创业资源可以理解为新创企业在创造价值的过程中需要的特定的除创业团队外的各类生产要素的集合。这些要素可以是有形的,也可以是无形的,如有形的场地、设备、专业人员、供应商、资金等,还有无形的品牌影响力、知识产权、管理模式、业务网络关系等。俗语讲"巧妇难为无米之炊",创业者发现了商机,几个小伙伴组成了创业团队,但是,毕竟初创企业在各个方面都有诸多欠缺,如缺乏资金、找不到合适的员工、没有合适的办公场所、缺乏技术或渠道伙伴等,都将制约创业项目的启动和发展。但是,创业不可能是"万事俱备"才启动,那样可能会错失很多机会。因此,创业者及其团队需要在创业的过程中不断地挖掘资源、培育资源、开发资源、整合资源和管理利用资源,使资源成为创业活动的有力支撑,逐步走向创业的成功。

创业者要分析出哪些是关键资源,是创业的必要条件,在其不具备这些条件的情况下,盲目上马启动或推进项目,将面临资金链断裂或业务链崩溃的风险,最终导致创业失败。正所谓"大军未动粮草先行""不打无准备之仗",这都是对资源与风险关系的通俗说明。

在蒂蒙斯创业过程模型的三要素中，商业机会是创业过程的核心驱动力，创业者及其团队是创业过程的主导者，资源是创业成功的必要保证。机会是要靠创业者及其团队发现并把握的；资源也是要靠创业者及其团队整合并利用，才能使其发生作用。社会上流行一种说法，即天使投资人最看重的就是创业者及其团队。但是，我们还需清楚地认识到，人的因素具有高度的不确定性，人与人之间存在着价值观差异、理想与追求差异、思维差异、知识差异、能力差异、背景差异、文化差异等。在创业过程中，创业团队应具有相同的价值观与理想追求，具有知识与技能上的互补，相互信任并彼此承担责任，愿意为共同的创业目标奋斗。但是，由于每个人生活的社会环境、家庭背景和人生目标的不同，加之社会环境中以及关联企业的诸多诱惑，特别是在创业遇到严峻困难或取得了一定收益的情况下，都会对创业团队的凝聚力提出严峻的挑战。同时，创业团队还会面临高手加盟的挑战、团队重新整合的挑战等。现代企业越来越重视团队的力量。创业企业在诞生或成长过程中最主要的力量来源一般都是创业团队，一个优秀的创业团队能使创业企业迅速地发展起来。但与此同时，风险也就蕴含在其中，团队的力量越大，团队风险带来的损失也就越大。一旦创业团队的核心成员在某些问题上产生分歧不能达到统一，极有可能会对企业造成强烈的冲击。

团队人员的变化，势必会影响到团队对机会的把握和对资源的利用，进而增加了创业过程中的不确定性，产生人为的创业风险。为此，加强团队的凝聚力，形成团队的主流价值观，在此基础上选择合适的人才，才能人为降低创业的风险。

二、创业风险的特征和分类

（一）创业风险的特征

1. 客观性

创业本身就是一个识别风险和应对风险的过程，风险的出现是不以人的意志为转移的，所以创业风险的存在是客观的。

2. 不确定性

由于创业所依赖和影响的因素具有不确定性，这些因素是不断变化、不断发展的，甚至是难以预料的，因此，造成了创业风险具有不确定性。

3. 可变性

随着影响创业因素的变化，创业风险的大小、性质和程度也会发生变化。

4. 可识别性

根据创业风险的特征和性质，创业风险可以被识别和划分。

5. 相关性

创业风险与创业者的行为紧密相连。创业者面对风险时采取不同的对策，会出现不同的结果，这与创业者的自身能力素质高度相关。

（二）创业风险的分类

从风险的表现形式来看，可将创业风险分为环境与政策风险、机会选择风险、商品市场风险、资源利用风险、技术风险、人力资源风险、管理与决策风险和财务管理风险。针对各类风险，创业者只有在充分认知风险的前提下，才能更好地防范、规避与处理风险。

1. 环境与政策风险

环境与政策风险是指由于创业者及其创业活动所处的社会、政治、经济、法律环境和政策环境等变化，以及由于意外灾害导致创业者或创业企业蒙受损失的可能性。如战争、国际关系变化、有关国家政权更迭、政策变化、宏观经济环境发生大幅度波动或调整，法律法规的修改，或者创业相关事项得不到政府许可，合作者违反契约等给创业活动带来的风险。

环境与政策风险往往是创业者及其团队自身所不能左右和掌控的，主要是由于创业活动的外部环境与外部合作方的不确定性与变化造成的。对此，创业者应更多地关注企业的外部动向，培养敏锐的市场洞察力，做好相应的风险防范预案以应对这些风险的发生。

2. 机会选择风险

机会选择风险是指创业者由于对机会判断失误或错过机会而强行启动创业活动带来的风险。创业难，发掘利用创业机会更难。有些人认为，创业点子的产生，归因于机缘凑巧，所谓"无心插柳柳成荫"。不过，研究创意的专家认为，创意只是冰山上的一角，没有平日的用心耕耘，机缘也不会如此凑巧，能有机缘巧合或第六感的直觉，主要还是因为创业者在平日培养出洞察环境变化的敏锐观察力、逻辑分析能力和知识、阅历的积淀。因此，能够先知先觉，提出有特色的价值主张，才能形成创意并推进为创业项目。发掘创业机会的做法，大致可归纳为分析矛盾现象、特殊事件、作业程序、产业与市场结构、人口统计资料的变化趋势、价值观与认知变化等六种方式。

虽然大量的创业机会可以经由有系统地研究来发掘，不过，最好的点子还是来自创业者长期的观察、生活体验与深入的感悟。但是，如果创业者过于自负或经验能力不足，就会导致判断失误，由此就会在后面的创业活动中埋下风险的种子。

创业者能否感知到创业机会的存在取决于他们是否能有效识别外部信息和对信息进行选择性的过滤与组合，风险倾向、成就需要、内控资源、不确定性容忍度等这些特质是其能够敏锐识别创业机会的基础，而缺少这些特质，异想天开或者闭门造车，就容易导致机会选择风险。大学生创业时如果缺乏前期市场调研和论证，只是凭自己的兴趣和想象来决定创业方向，甚至仅凭一时心血来潮做决定，很有可能碰得头破血流。

3. 商品市场风险

商品市场风险是指由于市场情况的不确定性导致创业者或创业企业损失的可能性。商品市场供给和需求的变化、市场接受创业者提供的产品与服务的时间的不确定、市场价格变化、市场战略失误等原因都会给创业活动带来一定的商品市场风险。

微波炉上市之初不少消费者担心它可能有辐射危害，厂家和商家不得不通过媒体反复向消费者宣传"微波炉不会伤害你的健康，只会带来生活上的便利！"一些用户也帮商家现身说法，这才打消部分消费者的恐惧和困惑。

由此可见，创业者很难预先准确判断，市场是否会在某个时段接受自己推出的某一新产品及其接受能力，对未来市场实际需求情况与创业者早期预期的差异只能保持一种坦然接受的态度。

4. 资源利用风险

资源利用风险是指创业者在创业活动过程中所面对的发现资源、整合资源、开发资源和利用资源过程中的不确定性。创业者的创业活动离不开内外部的资源支持，"巧妇难为无米之炊"，没有内外部的资源支撑，创业活动也将难以为继。资源不仅仅在于拥有，更要通过创业者的能力使资源发挥作用，形成核心竞争力，推动企业的发展。资源包括了支持企业关键业务的核心资源和与企业构成利益关联的合作网络资源。如果资源状况不能支持创业活动如期开展，很可能造成企业的业务链或资金链断裂，从而延缓或终止创业进程。

在大多数情况下，创业者不一定也不可能拥有所需的全部资源，这就形成了资源缺口。如果创业者没有能力弥补相应的资源缺口，要么创业无法起步，要么在创业中受制于人。企业创建、市场开拓、产品推介等工作都需要调动社会资源，大学生在这方面会感到非常吃力，平时应多参加各种社会实践活动，扩大自己人际交往的范围。创业前，可以先到相关行业领域工作一段时间，通过这个平台，为自己日后的创业积累人脉。

5. 技术风险

技术风险是指由于技术方面的因素及其变化的不确定性而导致创业进程延误或创业

失败的可能性。技术路径选择的不确定性，技术研发成功的不确定性，技术前景、技术寿命的不确定性，技术效果的不确定性，技术成果转化的不确定性以及关联技术的不确定性等，都会带来技术风险。核心技术作为新创企业的核心竞争力，往往也具有一定的创新性。但是，技术创新能否成功受到诸多因素的影响，同时也存在技术创新的价值有待市场验证的风险。

6. 人力资源风险

人力资源风险是指由于创业者、创业团队及其员工等人的因素对创业活动的开展产生不良影响或未能实现创业既定阶段目标而产生的风险。创业者自身的素质和能力有限，创业团队成员的知识和技能水平有限，管理过程中用人不当，关键员工离职，未能获取优质人力资源等因素是人力资源风险的主要表现。在知识密集型产业和创意产业中，人力资源至关重要；而在劳动密集型产业中，人力资源更是举足轻重。

同时，还应看到创业者、创业团队及其员工因思想意识差别而产生的风险，这是创业团队最内在的风险。这种风险来源于无形，却有强大的毁灭力。风险性较大的意识有：投机的心态、侥幸心理、尝试的心态、过分依赖他人、回本的心理等。

7. 管理与决策风险

管理与决策风险是指创业者及创业团队在创业过程中因信息不对称、管理措施不利、经营判断失误、决策失当、团队文化消极等影响创业项目正常推进，甚至是无法实现既定目标而产生的风险。管理与决策风险主要体现为缺乏管理规划、管理不规范、决策随意或决策依据不充分、决策流程不合理、团队执行能力差、团队价值观不统一、组织文化缺失、缺乏诚信与责任意识等方面。

创业者并不一定是出色的企业家，也不一定具备出色的管理才能。启动创业活动的创业者主要有两种：一是创业者利用某一新技术进行创业，他可能是技术方面的专业人才，但却不一定具备专业的管理才能，从而产生管理与决策的风险；二是创业者往往有某种"奇思妙想"，可能是新的商业点子，但在战略规划上能力欠缺，或不擅长管理具体的事务，这也会造成管理与决策的风险。希望创业的学生在创业之初建立基本的团队议事规则，明确近期的项目目标和对该项目的有关决策的处理原则，如项目何时可以停止，项目在什么情况下可以吸收合作伙伴，项目在什么情况下可以动用多少资金等。在团队中营造"对事不对人"的工作氛围也非常重要。

8. 财务管理风险

财务管理风险是指创业者和创业团队由于资金、资产经营管理失当而产生的风险。财务管理风险主要体现为对创业所需要资金估计不足、资金预算不科学、资金使用随意、成本控制不紧、成本结构不合理、营收管理缺乏、未能及时筹措创业资金、融资不当、现金流管理不力等方面，往往集中体现为资金链断裂，导致创业项目难以为继。

其中，资金风险在创业初期会一直伴随在创业者的左右，是否有足够的资金创办企业是创业者遇到的第一个问题。企业创办起来后，就必须考虑是否有足够的资金支持企业的日常运作。对于初创企业来说，如果连续几个月入不敷出或者因为其他原因导致企业的现金流中断，都会给新创企业带来极大的威胁，相当多的企业会在创办初期因资金紧缺而严重影响业务的拓展，甚至错失商机而不得不关门大吉。

另外，没有广阔的融资渠道，创业计划就是一纸空谈。除了银行贷款、自筹资金、民间借贷等传统方式外，还可以充分利用风险投资、创业基金等多种融资渠道。

三、创业风险的防控

（一）大学生常见的创业风险

由于大学生本身的主观因素以及外界市场环境的客观因素存在，大学生在创业过程中可能会出现较多不可控风险。一般来说，常见的大学生创业风险主要有以下几方面。

1. 财务风险

财务风险是指创业者或创业企业在财务管理中存在的风险。对创业所需资金估计不足，难以及时筹措创业资金，企业财务结构不合理，融资不当，以及现金流管理不力等可能形成财务风险。创业资金是大学生创业者创业成功的关键所在，不管是启动资金短缺，还是企业经营资金短缺都能影响企业的生存和发展。在实际中，许多大学生不仅缺乏财务知识、风险意识淡薄，而且无资金来源，没有融资渠道或者渠道单一。

2. 项目风险

项目风险是指在开展各种创业活动中可能会发生的不确定性风险，主要存在于初始项目的选择、产品市场的定位、项目进度安排、宏观判断等关键点上。选择一个好的项目就意味着创业成功了一半。但大多数大学生创业者创业风险意识较弱，风险评估能力较差，在选择创业项目时，往往只是凭主观想象，没有认真开展市场调研，没有对宏观环境进行分析，仅凭自己"一时激动"草草选择创业项目。因此，相比其他社会创业者来说，大学生创业者选择的创业项目风险更大。

3. 社会资源风险

社会资源风险是指创业者对社会资源的掌握不足和运用不够，或社会资源本身匮乏，使得企业面临损失的可能性。因为社会资源具有稀缺性的特征，所以在创业过程中获取比竞争对手更多的社会资源是创业者创业成败的关键。在校大学生或刚毕业的大学生对社会的认知度不高，人际关系一般较为缺乏，往往仅局限于校园同学、老师或者家庭的亲戚朋友。与社会创业者相比，大学生创业者获取社会创业资源的能力相对较弱。

4. 技术风险

技术风险是指由于项目技术不成熟或技术变革，而导致创业企业遭受损失的可能性。技术前景、技术寿命、技术效果、技术成果转化的不确定性等，都会带来技术风险。在技术风险方面，大学生创业者都经过一定的专业学习，具备基本的专业技能，有的申请了技术专利，有的借助教师的技术，但是真正把技术设想转化为产品或产业，或者应用到市场中还存在较大困难。

5. 团队风险

团队风险是指由于个人或者团队的因素对创业活动产生不良影响的可能性。团队风险的主要诱因包括创业者自身能力和素质有限、创业团队成员的知识和技能水平不高、创业管理过程中用人不当等因素。由于大学生在创业动因、专业素养等方面各不相同，另外在选择和组合创业团队成员时也有较大的随意性和偶然性，所以，当创业团队在创业过程中需要做出重大决策时，成员之间往往出现谁也说服不了谁的现象，不能达成一致意见，最终导致团队解散。

6. 市场风险

市场风险是指由于产品或资本市场的不确定性而导致创业者或企业损失的可能性。市场风险包括产品市场风险和资本市场风险两部分。市场供给和需求变化、市场价格变化、市场战略变化等因素都会在创业过程中带来市场风险。大学生在创业过程中一般容易"重技术"而"轻市场"，面对瞬息万变的市场，往往不懂得市场调查和分析，仅凭自己主观判断做决策，在很大程度上加大了创业风险。

7. 管理风险

管理风险是指企业在管理运作过程中因管理不善、决策失误等而形成的风险。管理者素质低下、缺乏诚信，企业权力分配不合理、不规范管理和决策失误等都是管理风险的诱因。大学生在校期间往往重视理论教育，普遍缺乏实践管理经验，创业者最初很多凭哥们儿义气聚在一起，凭自觉工作，随着企业发展，管理制度不完善，往往是人管人，不是制度管人，很容易造成创业风险。

8. 环境风险

环境风险是指企业在生产经营过程中因为所处社会、文化、经济、政治、法律环境的变化或意外灾害的发生而带来的风险。大学生创业者初入社会，社会阅历不足、社会经验不丰富、对社会环境变化不敏捷、对瞬息万变的社会环境缺乏随机应变能力等因素致使他们做出的决策不够完善成熟，容易导致创业失败。

（二）外部风险的管控

外部风险是由某种企业外部因素引起的，创业者或新创企业本身控制不了或无法施加影响，并难以采取有效方法消除的风险，如前面所说的环境与政策风险、商品市场风险等。

寻找蓝海是创业的良好开端，但并非所有的新创企业都能找到蓝海，更何况，蓝海也只是暂时的，所以，竞争是必然的。如何面对竞争是每个企业都要随时考虑的事，对新创企业更是如此。如果创业者选择的行业是一个竞争非常激烈的领域，那么在创业之初极有可能受到同行的强烈排挤。一些大企业为了把小企业吞并或挤垮，常会采用低价销售的手段。对于大企业来说，由于规模效益或实力雄厚，短时间内的降价并不会对它造成致命的伤害，而对初创企业则可能意味着彻底毁灭的危险。因此，考虑好如何应对来自同行的残酷竞争是创业的必要准备。

外部风险是创业者自身难以掌控的，创业者只能加强监测和预警，进而努力规避。

所谓理性把握相关风险，即分析、判断相关风险的具体来源、发生概率、程度大小，对可能的风险因素进行评估；测算借机冒险创业的成功概率，设计并选择综合风险较小，且自己有能力承受相关风险的行动方案，并提前准备相应的风险应对预案。创业者应对外部风险有充分的认知与敏锐的洞察，可以从以下三个方面做好外部风险管控。

1. 充分认知、科学分析

创业者应对其所处的创业环境进行深入了解与科学分析。目前，我国全面实施积极的创业就业政策，贯彻鼓励创业的方针，在自主创业税费减免、小额担保贷款、创业地落户以及场地、项目、技术、培训等方面，为大学生创业提供了大量优惠和鼓励政策，创造了更为宽松的创业环境。创业者首先应对创业环境进行正确的认识和了解，采用科学的方法对创业环境进行合理评估，特别是针对国家发展规划、政策导向、宏观经济环境、行业发展趋势、区域经济状况、技术发展与应用状况、人口消费趋势、社会问题等进行全面、系统、理性的分析判断，以求准确深入地解释创业过程中可能遇到的外部风险。

2. 敏锐洞察、理性预测

任何事物都是有其发展规律的，同时任何事物的变化也将引发相关事物的变化，产生"蝴蝶效应"。因此，在创业外部风险中，有些风险可以通过对身边事物变化的观察预测到；同时，因创业者自身知识能力所限，信息渠道所限等，形成了有些不可预测的风险。创业者应尽可能运用所学知识和掌握的资源，采用科学的方法来对那些能够预测的风险进行深入分析，通过和团队成员探讨、请教外部专家等方法来预测可能发生的外部风险，以及该风险发生会对创业企业带来的影响，尽量对创业的外部风险做到胸中有数，制定相应的应对预案。

3. 镇定应对、合理管控

由于外部风险的不可规避性，创业者只能根据上述对外部风险的分析和预测来制定合理的应对措施，利用智慧沉着应对，实施风险预案，尽可能降低风险发生对创业者自身或创业企业带来的不利影响。

（三）内部风险的管控

内部风险是由创业者或创业企业自身因素引起的，只对该创业者或创业企业产生影响的风险。因此，创业者和新创企业可以在某种程度上对其进行控制，并通过一定的手段予以预防和分散。

创业失败者，基本上都是管理方面出了问题，其中包括：决策随意、信息不通、理念不清、患得患失、用人不当、忽视创新、急功近利、盲目跟风、意志薄弱等，特别是大学生知识单一、经验欠缺、资金实力和心理素质明显不足，这些都会产生内部风险，进而导致创业进程受阻或创业失败。

1. 机会选择风险的防范

机会选择风险是一种潜在且先天的风险，除前述在创业风险的分类中所谈及的，还涉及是否选择创业而给创业者个人带来人生发展的不确定性。因此，创业者在思考创业时就应对创业的风险和收益进行全面权衡，这种收益的权衡是受创业者价值观和人生目标影响的。

将创业阶段目标和目前的职业收益进行比较，结合当下的创业环境、自己的人生规划进行系统分析。如果认为创业时机已经成熟，且是实现人生阶段目标的最佳途径，并刚好又存在一个商业机会的时间窗口，而且该项目又可以和自己的生涯规划相吻合，那么就可以选择创业，否则就不要急于创业，而是通过就业、深造或者继续从事目前的工作，继续观察社会发展，学习相关的方法和技能，积累经验与资源，同时学会利用自己身边的机会建立良好的关系网络，待时机成熟再选择创业。

2. 人力资源风险的防范

人力资源是创业活动中最重要的资源，由此产生的风险对创业企业来说往往也是致命的，所以受到创业者和企业家的高度关注。首先，创业者应不断充实自己，持续提高个人素质，使自己的知识和能力与创业活动需求和企业发展相匹配；其次，通过沟通、协调、激励、奖惩、评价、目标管理等多种手段管理团队，并在创业团队发展的不同阶段确定相应的管理制度，科学合理地对成员进行绩效评价；最后，还要招聘那些具有良好职业道德和团队合作意识、拥有与岗位技能要求相匹配的员工，同时要不断提升团队能力，加强团队的凝聚力，形成团队的主流价值观，在此基础上选好人、用好人，才可防范人力资源风险。

3. 技术风险的防范

技术创新能够给创业者带来丰厚的回报，但掌控不好也可能制约创业进程，甚至使创业者颗粒无收，因此，创业者一定要通过加强自身能力建设或建立创新联盟等方式减少技术风险发生的可能性。第一，应加强对技术创新方案与技术路径的可行性论证，减少技术开发与技术选择的盲目性，并通过建立灵敏的技术信息预警系统，及时预防技术风险；第二，可通过组建技术联合开发体或建立创新联盟等方式来分散技术创新的风险；第三，提高创业企业技术系统的活力，降低技术风险发生的可能性；第四，高度重视专利申请、技术标准申请等保护性措施的采用，通过法律手段减少损失出现的可能性。

4. 管理与决策风险的防范

通过提高管理者的素质，建立管理和决策机制可以有效地防范创业企业的管理与决策风险。具体来说，可以采取的主要措施有：第一，应努力提高核心创业成员的素质，树立其责任意识、诚信意识和市场经济观念，在此基础上建立管理和决策机制，针对企业发展需求，适时调整组织架构；第二，在充分调研的基础上实行集权管理，明确企业的决策流程、执行管理机制、监督考核机制和信息反馈机制，合理放权，实施责权利的统一，进而避免不规范、不负责的管理行为发生。

5. 财务管理风险的防范

筹资困难和资本结构不合理是很多创业企业明显的财务特征和主要财务风险的来源。有效规避财务风险要求做到以下几点：第一，创业者要对创业所需资金进行合理估计，避免筹资不足影响创业企业的健康成长和后续发展；第二，要学会建立和经营创业者自身和创业企业的信用，提高获得资金的概率，丰富资金获取的途径；第三，创业者或团队一定要学会在企业的长远发展和眼前利益之间进行权衡，设置合理的财务结构，从适当渠道获得资金；第四，管好创业企业的现金流，避免现金断流带来的财务拮据甚至破产清算的局面。

（四）创业风险的防范

1. 系统风险的防范

在系统风险的防范方面，由于系统风险很多是由客观因素造成的，创业者或创业企业本身控制不了，或无法施加影响，难以采取有效措施予以消除。对于系统风险可以从以下两个方面做好防范。

（1）正确预测。创业风险有些是可以预测的，有些是不可预测的。创业者应尽可能运用所学知识和所掌握的资源，采用科学的方法，对那些能够预测的风险进行深入分析，尽量对创业的系统风险做到胸中有数，以便制定相应的策略。

（2）谨慎分析。创业者应对创业环境有正确的认识和合理的评估，通过层层细化、逐级分析熟悉创业的宏观和微观环境，以求准确深入地预测创业过程中可能遇到的系统风险。

创业者只有通过正确预测和谨慎分析制定合理的应对措施，巧妙规避，才能尽可能地降低系统风险对创业者自身或创业企业带来的不利影响。

2. 非系统风险的防范

在非系统风险的防范方面，因为非系统风险是由特定创业者或创业企业自身因素引起的，只对该创业者或创业企业产生影响。因此，创业者或创业企业可以在某种程度上进行控制，并通过一定手段加以预防，一般来说，主要包括财务、团队、技术、市场、管理和法律六个方面风险的防范。

（1）财务风险的防范。建立一套有效的财务预警机制，运用财务安全指标来预测企业财务危机，可有效防范财务风险。常用的财务分析方法有以下几种。

第一，资金周转表分析法，是在全面预算下，以三个月为周期，建立滚动式现金流量预算。

第二，"杜邦"财务分析法，是利用若干相互关联的指标对营运能力、偿债能力以及盈利能力等进行综合分析和评价。

第三，"成本—销量—利润"分析法，在产销量不变的情况下，根据成本、销量、利润三者之间的关系进行预测和决策。

（2）团队风险的防范。创业团队是创业的重要资源，由此产生的风险对创业来说是致命的。团队风险的防范措施有：第一，创业者和团队应不断充实自己，持续提高个人和团队素质，使知识和能力与创业活动相匹配；第二，通过多种手段有效管理团队，科学合理地对成员进行绩效评价。

（3）技术风险的防范。防范技术风险是提高创业成功率的重要方法。技术风险的防范措施有：第一，风险回避，避开高风险的开发项目，或高技术开发中的某些高风险因素；第二，风险转移，把高技术开发的风险进行分解、分散，让更多的主体共同承担；第三，风险削减，对所遇到的既不可回避又不可控制的风险因素，应尽量设法减少风险带来的损失。

（4）市场风险的防范。市场风险是创业失败的最主要因素之一。市场风险的防范措施有：第一，加强营销队伍建设，缩短市场对产品的接受时间；第二，强化市场战略，增强企业竞争力；第三，以市场为导向，注重产品的生产、销售与资金回收等环节。

（5）管理风险的防范。通过提高管理者的素质，改变管理和决策方式，可以有效应对创业企业的管理风险。管理风险的防范措施有：第一，提高核心成员素质，搞好领导层自身建设，建立能够适应企业不同发展阶段的组织机构；第二，民主决策与集权管理相统一，合理分配企业执行权，避免家族式管理；第三，明确决策目标，完善决策机制，减少决策失误。

（6）法律风险的防范。法律风险的防范也是大学生创业者需要注意的，因为大学生创业初涉商场，知识面单一，对相关法律不了解，在创业过程中很容易产生法律风险。法律风险的防范措施有：一是注重对相关法律知识的学习和积累；二是聘请专业的法律顾问，提供专业指导建议。

四、创业风险应对策略

（一）风险应对策略

1. 风险识别

风险识别是创业者对创业过程中可能发生的风险进行认知和预判的过程。首先，风险识别应根据风险分类，全面、客观地审视创业过程，从风险产生的缘由入手，深入探究诱发风险的各类因素，使这些因素成为容易被观察并发现的基本单元，找出现实与不远的将来可能影响创业阶段目标与终极目标实现的各种风险。创业者可以采用绘制创业流程图、制作风险清单、制定风险预案、集体研讨、市场调查、专家建议等方法识别风险。

在创业初期，由于创业者及其团队在创业活动的各个环节存在着诸多不成熟的因素，发生风险的概率较高，为此，创业者及其团队应在常规工作管理中强化对风险的识别工作，时刻保持高度的敏感，做到在计划中体现，在汇总中关注，在总结中分析。

2. 风险评估

风险评估包括两类：一是对各种风险发生的可能性以及发生之后的损失程度的评估；

二是对风险事件发生的可能性大小、可能的结果范围和危害程度、预期发生的时间、风险因素所产生的风险事件的发生概率四个方面进行评估。

创业初期，创业者及其团队既要有直面创业风险的勇气，更要有理性应对风险的方法，这是对创业者智慧、能力和素质的磨砺与考验，通过风险评估，可以使创业者更理性地应对风险，做好面对风险的充分准备。

3．风险应对

风险应对是创业者在风险评估的基础上，选择最佳的风险处理措施，采取及时有效的方法进行防范和控制，用最经济合理的方法来综合处理风险，以实现最大安全保障的一种科学管理方法。

（1）风险应对方法。常用的风险应对方法有风险避免、风险自留、风险预防、风险抑制和风险转嫁等。

1）风险避免。是指设法避免损失发生的可能性，基本上消除特定的风险发生的可能性。这种方法是一种消极的风险管理方法。通常当某种特定风险所致损失的频率或者损失的幅度相当高时，或者创业者不能接受采用其他风险应对方法所产生的成本时才会采用。风险避免是创业者自我承担风险损失的一种方法。

2）风险自留。常常在风险损失概率和幅度较低、损失短期内可以预测以及最大损失不影响创业活动的正常进行时采用。如驾驶新手上路，即便是多加小心，发生一些轻微剐蹭以及其他车辆的鸣笛催促，都是很正常的，驾驶员应该可以承受这些因素造成的心情不悦与经济损失。

3）风险预防。是指在风险损失发生前为消除或减少可能引起损失的各种因素而采取的处理风险的具体措施，其目的是通过消除或减少风险因素达到降低损失发生概率的目的。风险预防通常在损失的频率高且损失的幅度低时使用。也如汽车驾驶新手上路，为预防交通事故的发生，严格遵守交通规则，集中精力，认真驾驶。

4）风险抑制。是指在损失发生时或损失发生后为缩小损失幅度而采取的各种应对措施。风险抑制常常在损失幅度高且风险又无法避免或转嫁的情况下采用，如损失发生后的自救和损失处理等。又如，汽车驾驶员，在交通事故无法避免时，宁可撞树、撞墙，也不要撞人。只有这样，才能将事故的风险损失降到最低。

5）风险转嫁。是指创业者为避免承担风险损失，有意识地将损失或与损失有关的财务后果转嫁给他人去承担的一种风险管理方法。具体来说，创业者可采用保险转嫁、转让转嫁和合同转嫁等方式。例如汽车驾驶员，应为车辆办理相关保险，在发生交通事故及造成损失时，由保险公司承担损失结果。

（2）风险应对策略。创业者或创业企业需要针对风险评估的结果和具体的评估环境选择合适的风险应对方法，采用科学的风险应对策略，如对于损失金额小的风险采取风险自留的方式，对于那些出现概率大、损失金额高的风险采用风险转嫁方式等。

（二）创业者精神与风险应对

创业者能否感知到创业机会的存在取决于他们是否能有效识别外部信息和对信息进行选择性的过滤与组合，风险倾向、成就需要、内控资源、不确定性、容忍度等这些特质是其能够敏锐识别创业机会的基础。

一个优秀的创业者是具有超凡思想的开拓者，他能将未来趋势与现实问题相结合，他具有主流的伦理道德品质和充满变革、敢于冒险的胆识。创业者作为精英群体，所具有的品质包括洞察力、分析力、想象力、沟通力、同理心、热情且冷静、责任感、专注力、变通力、凝聚力与执行力等。创业者是社会变革的倡导者与推动者，他们充满激情、目标坚定、不畏困难、具有高度的风险意识和风险承担能力，以及高度的合作精神、创新能力，并对社会发展具有强烈的使命感。创业者的同情心与利他的人格能促进其对社会需要的认知，从而促进对社会与人性的思考，最终推动创业实践活动的开展。

第五章

大学生创业计划书的编写

第一节 创业计划书概述

一、创业计划书的含义

创业计划书,也被称为商业计划书,是从创意到执行的方案,相当于可行性研究报告,其本质是用承诺换取投资人的支票。

创业计划书是创业者在经过前期对项目的调研、分析、搜集与整理有关资料的基础上,对创业活动具体筹划的全方位描述,形成与创建新企业有关的内、外部环境条件和要素的书面文件,是各项职能计划,如市场营销、财务、制造、人力资源计划的集成,是成功创建新企业的行动导向和路线图,既为创业者行动提供指导和规划,也为创业者与外界沟通提供基本依据。在创业计划书里,创业者需要展望新企业在未来的收益和规模,明确成本投入,并对各种不确定性乃至风险进行了全面的预测和控制。创业计划书不仅仅是一个执行计划,更是一张新企业的"名片":一方面用来吸引外部的利益相关者,从而获得融资和合作的机会;另一方面为新企业内部人员的工作做指导。通常来说,一个好的创业项目是由某种具有竞争力的产品或服务、可行的商业模式和优秀的创业团队等方面组成的,但更重要的是如何通过相关数据准确传达创业者的意图和创意。

创业计划书是创业者叩响投资者大门的"敲门砖",是创业者计划创立业务的书面摘要,一份优秀的创业计划书往往会使创业者达到事半功倍的效果。创业计划书是一份全方位的商业计划,其主要用途是递交给投资商,以便他们能对企业或项目做出评判,从而使企业获得融资。它是用以描述与拟创办企业相关的内、外部环境条件和要素特点,为业务的发展提供指示图和衡量业务进展情况的标准。通常创业计划是结合市场营销、财务、生产、人力资源等职能计划的综合。创业计划书的编写实际上就是对这些问题的回答，尽管不同行业的创业计划书内容和形式可能不同，但其本质都是对这些投资人所关心的问题进行分析与论证。有了一份详尽的创业计划书，就好像有了一份业务发展的指示图一样，它会时刻提醒创业者应该注意什么问题、规避什么风险，并最大限度地帮助创业者获得来自外界的帮助。一份好的创业计划书也会成为衡量创业者未来业务发展的标准。但是，在现实生活中，却经常有人在几乎没有任何商业管理经验的情况下，不制订详细的创业计划就开始创业。创业时的盲目行动对创业者而言，就如同没有经验的飞行员在冒险飞行一样危险，其结果可想而知。

二、创业计划书的作用

（一）帮助创业者准确定位

创业计划书能够帮助投资者在一个充满不确定性的商业环境中建立起长远眼光，并使其能够针对现今商业环境中的各种变化以及如何适应这种变化而做出前瞻性的商业决策。制订创业计划书可以使创业者将总体思考与随机的思路不断连贯起来。许多创业者在刚开始投入一项事业中的时候具有一个好的创意和热情，然而当真正着手去做一些事情的时候，才会发现需要考虑的地方何止是一处两处，也许有一些创业者只是在自己的脑海里形成了一幅蓝图，但是如果想未雨绸缪，就需要制订一份创业计划书，以使自己不会轻易偏离预定的方向。

首先，企业创建之后，在企业内部，创业计划书可以清晰地传达出企业的战略目标，细分给每个岗位的任务乃至营造出企业文化氛围，团结不同诉求的员工，协调一致向总目标前进。例如，假设你是一家创业机构的新任副总裁，主管负责某一部门的业务，那么按照创业计划书设定的路线往下走，是确保部门目标与企业总目标一致的最佳方法。

其次，一项比较完善的创业计划书能客观全面地分析出创业机构在成长过程中可能遇到的各种机遇和挑战，并提出相应的解决方法。因此，创业计划书是创业行为过程的"导航图"，能够帮助创业者提高经营的成功概率，明确成功经营企业需要采取的各种措施，识别经营中所需的各种资源及最佳的资源整合方式。针对不同业务部门，制定操作性强的绩效标准，以确保经营运作有条不紊。

（二）吸引风险投资的重要媒介

对于风险投资家来说，创业计划书是评价创业企业是否真正有投资或者经营价值的重要依据。创业计划书的好坏往往决定了融资的成败。所以，创业计划书的另外一个重要作用就是帮助创业者把计划中的企业推销给风险投资家。它还可以使企业的出资者以及供应商、销售商等了解企业的经营状况和经营目标，从而说服出资者为企业的进一步发展提供资金。

创业计划书是新创企业的"营销工具"，它为新企业提供了一种向潜在投资者、供应商、商业伙伴和关键职位应聘者展示自身的机会。创业计划书从各个方面对创业项目进行可行性分析及筹划，是投资机构评估甄选创业项目的重要依据。例如，由大学及社会团队主办的创业孵化机构在筛选创业项目时都要求提交创业计划书，并以此来选定孵化扶持的创业项目。

创业计划书为其他的利益相关者呈现了创业项目的远景和各种可能性。作为企业发展的蓝图，创业计划书记录市场需求所带来的机会，并向利益相关者展现创业者能够提出解决方案，证明该解决方案在市场上具有可行性以及在合适的时间内能够为所有的利益相关者带来经济回报。

另外，创业项目为争取政府的政策倾斜和资金支持，创业计划书是必须提交的申请文件，而不同的政府资金支持项目有着相应的内容和格式撰写要求，按照特定要求编制的创业计划书将更容易获得政府的照顾和扶持。

（三）凝聚团队的沟通工具

一般来说，创业团队的创建是在创业计划书写作之前的事，创业团队本身就是创业计划书的重要内容之一。通过创业计划书创意展示，可以吸引优秀的人才加入创业团队；也可以用创业计划书将创业团队中的各个成员有序地串联起来；创业计划书是创业团队沟通的"语言"和凝聚团队力量的重要工具。

创业计划书可以用来介绍企业的价值，从而吸引到投资、信贷、员工、战略合作伙伴，或包括政府在内的其他利益相关者。一份成熟的创业计划书不但能够描述出公司的成长历史，展现未来的成长方向和愿景，还将量化出潜在盈利能力。这都需要创业者对自己的公司有一个全面的了解，对所有存在的问题都有所思考，对可能存在的风险都做好预案，并提出行之有效的工作计划。

（四）取得相关机构支持

在撰写创业计划书的过程中，创业者的创意会逐渐清晰化和系统化，并最终走向成熟。梳理出项目中各具体环节和要点，从商业模式、市场、管理、财务和营销等各个方面细述中全面客观地了解企业的优势、劣势、机会和挑战，从而做到"知己知彼，百战不殆"。

创业计划书也是一个承诺的工具。和其他的法律文档一样，在企业和投资人签署融资合同的同时，创业计划书往往将作为一份合同附件存在，与这份附件相对应的，是主合同中的对赌条款。对赌条款和创业计划书，将共同构成一个业绩承诺：当管理人完成或没有完成创业计划书中所约定的目标时，投资人和企业家之间将在利益上如何重新分配。在辅助执行公司内部管理时，创业计划书仍是一个有效的承诺工具。在上级和下级就某一特定目标达成一致后，他们合作完成的创业计划书就记录下了对目标的约定。这样的约定，将成为各类激励工具得以实施的重要基础。

三、创业计划书的基本要素

（一）商业模式

通过创业计划书展现商业模式，让投资者了解企业是如何赚钱的。商业模式一般贯穿在整个创业计划书中，它决定了创业企业的运作，关系着企业的发展战略。投资者特别关注商业模式是否蕴含着巨大的利益，是否有对现有的和潜在的利益进行重新组合和再分配。因此，除了要向投资者阐明选择的商业模式外，还要让投资者确信商业模式能够获得成功，能够随着市场和自身条件的变化进行创新等。

（二）市场

创业计划书还要向投资者提供对目标市场的深入分析和理解。因为对于投资者来说，最关心的还是产品或服务有没有市场，市场容量有多大，顾客为什么要买融资企业的产品或服务。要打消投资者的顾虑，就要在创业计划书中对消费者购买本企业产品或服务的行为进行细致的分析，说明经济、地理、职业和心理等因素如何影响消费者行为，并通过营销计划说明企业将如何通过广告、促销和公关等营销手段来达到预期的销售目标。

在创业计划书中，还要提供产品（服务）的所有相关细节，包括企业所实施的所有调查，还需向投资者说明产品（服务）所处的发展阶段、它的独特性、企业销售产品的策略、企业的目标顾客、产品的生产成本和售价、企业开发新产品或新服务的计划等。应该努力让投资者相信，企业的产品会在市场上产生重要的甚至是革命性的影响，同时也要使他们相信，创业计划书提供的证据是真实可信的，最终让投资者认识到，投资这个产品（服务）是值得的。

（三）竞争

在创业计划书中，还必须就竞争对手的情况展开细致分析，向投资者清楚地阐述如下问题：现有的和潜在的竞争对手有哪些？产品是如何实现其价值的？和竞争对手相比本企业有哪些优势？顾客为什么偏爱企业的产品和服务？企业如何应对潜在竞争对手的挑战？总之，创业计划书要使投资者相信，企业不仅是行业中的有力竞争者，而且将来会是确定行业标准的领先者，企业的竞争战略完全能够应对即将面临的竞争。

投资者对创业团队的关注甚至超过产品本身，因为要把一个好的商机转化为一个成功的风险企业，关键是要有一支强有力的管理队伍。因此，在创业计划书中，要向投资者完全展现创业团队，描述整个管理队伍及其职责，分别介绍每位管理人员的特殊才能、特点和造诣，细致描述每个管理者能够对公司做出的贡献，并明确企业的管理目标和组织机构。要让投资者对企业的管理团队充满信心，相信企业的管理队伍是刚好适合创业企业的"梦之队"。再好的理念，也只有通过行动才能实现。行动的无懈可击才可能赢得投资者的青睐，创业计划书应该有清晰的企业设计、生产和运营计划，切实可行的企业营销计划和准确的财务计划。

第二节　创业计划书的内容与撰写

一、创业计划书的内容

创业计划书的内容根据创业者的经验、知识及目的的不同而有所不同，但是，创业计划书的内容应尽可能的充实，以便为潜在投资者描绘一个完整的企业蓝图，使他们对新创企业能有所理解，并帮助创业者深化对企业经营的思考。经过长期不断的实践，创业计划书的主要内容也逐步形成约定俗成的基本格式。一般来说，一份完整的创业计划书主要包括企业概况、产品与服务、商业构想与市场分析、选址、营销方式、法律形式、组织结构与创业团队、成本预测、现金流管理计划、盈利情况预测、资产负债表等内容，这些都是整个创业过程中不可或缺的元素。

创业计划书的五大必备要素：第一，必须和创业计划书同时提供一套现金流规划。第二，创业计划书必须记住使用者的需要。计划书的读者想知道的可能是企业家想要他们知道的，但这通常很难。第三，创业计划书必须说明企业所有职能之间的协调。第四，创业计划书必须显示所有者、管理者的决心、责任和能力。第五，创业计划书必须付诸行动。

(一) 封面和目录

一份优秀的创业计划书一定会有一个令人印象深刻的封面,封面的设计可以直接吸引审阅者的眼球。对于发展期的新创企业来说,计划书的封面应该体现出产品或服务的特色与企业文化。此外,封面应该有基本的企业信息,包括公司名称、地址、联系电话、日期以及创业者的联系方式等内容,如果公司有网站还应包括网址。联系信息应该包括固定电话、电子邮件地址和移动电话号码,并应放在封面顶端中间位置。封面底部可以放置警示阅读者保密等事项信息。如果公司已经有注册商标,应该把它放在靠近封面中心的位置。目录页紧接着封面,它列出了创业计划书和附录的组成部分以及对应页码。

(二) 执行概要

执行概要是创业计划书中最能吸引到投资人的部分。执行概要并非创业计划书的引言,它是整个创业计划的高度凝练。更加重要的是,执行概要应该是在创业计划书之后完成的。如果首先写完执行概要,就可能会根据执行概要来撰写创业计划书,而不去详细思考创业计划书的各个独立部分。执行概要应该以创业计划书中各部分相同的顺序来描述,基本应包括企业定位、所要进入的行业、产品与服务描述、市场分析、可行性分析、营销策略、管理团队与组织结构、财务分析、融资方案与风险投资的退出策略等方面。

摘要是创业计划书中最重要的部分,是打开风险投资之门的钥匙,这部分必须可以向忙碌的风险投资商提供他必须了解的新企业独特性质的所有信息。在某些情况下,投资者只有在摘要有足够吸引力时才会阅读详尽的创业计划书。阅读概要后,投资者应该能比较明确地感觉到整个创业计划书的大致内容。概要不应该超过两页篇幅,最简明的格式是在逐项基础上提供对创业计划书的总览,内容主题应该以创业计划书中相同顺序来描述。

执行概要应重点向投资人传递五点信息:一是创业企业的理念是正确的,创业企业在产品、服务或技术等方面具有竞争对手所没有的独特性;二是商业机会和发展战略是有科学根据和经过深思熟虑的;三是企业有管理能力,创业团队是一个坚强有力的领导班子和执行队伍;四是创业者清楚地知道进入市场的最佳时机,知道如何进入市场,并且预料到什么时候退出市场;五是企业的财务分析是实际的,投资者不会把钱扔进水里。

(三) 企业描述

企业描述是创业计划书的主体部分。它向创业计划书审阅者展示了如何将创意变成一家企业,企业是否拥有某些合作伙伴关系。许多创业计划必须依靠建立合作关系才能得以实施。

企业历史部分应该简明，但要解释企业创意从何而来以及企业创建的驱动力量。如果企业创意起源的故事真实感人，那就把它写出来。使命陈述界定了企业为何存在，以及企业渴望成为什么。对于创业计划来说，使命陈述阐明了企业专注于什么，可以清楚地说明企业目的。产品与服务部分应包括对产品或服务的解释，要比摘要所写内容更详细。这部分应包括对产品或服务独特性的描述以及在市场中的定位。当前状况部分应该显示企业进展到了何种程度。根据里程碑来考察企业状况，是一个很好的方法。里程碑指的是企业显著的或重大的事件。如果你选择并注册了企业名称，完成了可行性分析，撰写了创业计划书，创建了法律实体，那么你就算越过了几个重要的里程碑。法律状况和所有权部分，应该阐明谁拥有企业，企业所有权如何分配。

企业概况是对创业企业或创业者拟建企业总体情况的介绍，其主要内容包括企业组织结构、业务性质、企业类型、业务展望、企业的投资比例结构与额度、供应商等。重点描述公司未来业务发展计划，并指出关键的发展阶段、本企业生产所需原材料及必要的零部件供应商。它向创业计划书审阅者展示了创业者是如何将创意变成一家企业的。在企业概况描述中，要让投资者清楚企业的当前状况，即发展到何种程度。可以根据企业经历的重大事件来划分阶段，例如，何时产生了创意，何时注册了企业名称，何时进行了可行性分析、创业计划等。

此外，要真实描述企业现有的商业资源，包括供应商、分销商、商业合作伙伴等。是否拥有或者是否在争取合作伙伴，是投资者关注的重点，因为一个项目所涉及的利益相关者越多，其发展速度会相对较快，风险较低，投资者会更愿意进入。

（四）行业与市场分析

1. 行业分析

本部分首先考察企业试图进入的行业，比如，产业规模、增长率和销售预测等。在企业选择目标市场之前，应该充分理解所在行业。行业结构指的是产业集中或分散化的程度。行业趋势包括环境趋势和业务趋势。这可能是行业分析中最重要的部分，因为它经常是新商业创意的基础。最重要的环境趋势是经济趋势、社会趋势、技术进步和政治与法规变革。业务趋势包括产业利润率的增减、投入成本的升降等方面。

对所进入产业的整体分析，包括产业规模、整个产业每年所产生的价值，分析如何使自身在产业中生存与发展。在分析过程中，应该向创业计划书审阅者提供行业参与者的情况。如本行业中主要企业有哪些？他们以什么为导向？他们对环境的变化是如何反应的？同时，你的企业如何做好竞争准备，或者能否填补行业空隙。

行业分析结尾部分，应对行业长期前景进行简单陈述。

2. 市场分析

行业分析之后，通常是市场分析。行业分析关注企业进入的整个产业，而市场分析将行业划分为若干细分市场或区隔，它们是企业试图进入的目标市场。市场分析的首要任务是细分企业即将进入的产业，然后识别特定的目标市场。市场细分是将整个市场划分为不同部分的过程，一般企业会按照多个维度划分市场，并逐步选出适合自身能力的特定市场。市场分析也应该包括竞争者分析，它是对企业竞争对手的详细分析，这有助于企业了解主要竞争对手的行业地位，也向创业计划书审阅者表明，你对企业竞争环境有全面的理解。

市场是使企业潜在价值得以实现的舞台，没有市场，再好的产品或服务也无法实现其价值，再好的企业也无法提升其价值。从这个意义上讲，产品是虚的，市场才是实的。创业计划书要深入分析市场潜力、目标市场的定位、市场目标，要细致而深入地分析经济、地理、职业、年龄以及心理等因素对消费者选择购买本企业产品的影响以及各个因素所起的作用。

创业者要通过反复多次的调研来确定目标市场，并对市场进行细分。大多数成功企业都是从细化目标的时候做起来的，只有这样才能做到专业化与品牌化。

创业者可以按照多维度划分市场，并逐步选出适合自身能力的特定市场。企业必须进行准确的市场定位，这也是产品或服务能否在市场上生存的关键。创业者需要根据产品（服务）的特性和企业的情况在细分市场中选择一个或几个目标市场，结合企业的目标、产品、优势、劣势、竞争者的战略等因素说明为何选择这种市场定位，顾客为什么会愿意并购买企业的产品（服务）等。在市场分析中，一定要结合调研报告进行分析，用数据说话，避免主观臆断。如果企业已经签署了一些订单或合同意向书，可以直接出示给投资者，因为这些材料会有力地证明产品的市场前景。市场分析是创业计划书的重要内容，因为产品或服务有巨大市场才会有前景，企业的价值才能够不断提升。市场分析包括以下几点。

（1）产品的需求、需求的程度，企业所预计利益，新的市场规模，未来发展趋向及其状态，影响需求的因素等。

（2）市场竞争情况。企业所面临的竞争格局，主要竞争者，利于本企业产品的市场机会，市场预计占有率，本企业进入市场引起竞争者反应预期及其影响等。

（3）市场现状。目标顾客与目标市场，企业的市场地位、市场价格和特征。

(五)营销计划

营销计划关注企业如何宣传和销售它的产品或服务,涉及价格、促销、分销和销售等营销方面的具体细节。企业营销计划首先要清楚阐明营销战略、定位和差异化,然后讨论它们如何被价格、销售渠道和促销组合策略所支撑。

营销计划主要描述产品或服务的分销、定价以及促销,是创业计划书中的一个重要组成部分。本部分内容包括价格定位、促销手段、销售计划(如渠道、方式)等,主要侧重于阐明产品进入目标市场方式、广告渠道以及销售方式。

1. 总体营销战略

一般情况下,总体营销战略是在具体营销战略完成后再写的。它需要反映出如何使产品(服务)达到预期的目标,是一套系统的营销理念,而非具体策略。要从战略的高度将产品(服务)进入目标市场、获取市场价值的思路厘清。要结合产品(服务)的特点,找出进入市场的切入点,选择产品的"渗入"方向。把握好这一点才可能有后面的定价、销售策略、分销、促销以及广告战略。总体营销战略分为以下三方面。

(1)结合前面的市场分析说明企业定位,突出企业的自身特色。

(2)对四个具体战略的提炼——在市场营销中称为"4P"或"4C",通过各具体战略来展现创业企业如何给顾客展示自身的特色。

(3)可以对"4P"或"4C"未能涵盖的内容进行说明,比如公关关系战略。

2. 产品战略

产品是营销"4P"的第一要素,是通过产品(服务)满足客户的需要并从中获取利润的重要方式。产品战略是整个营销战略的基础。与前文的"产品(服务)"部分相比,这部分着重关注产品战略的"营销"方面。

(1)设计与产品定位相匹配的营销策略。产品在进入市场之前,创业者需要考察清楚受众群体能够接触到产品信息的任何场所,再利用自身资源进行成本收益分析,选择最优的营销策略,同时要将产品(服务)进行分层分类,这样可以创造出不同的吸引力。在核心产品层次,能给客户提供哪些基本效用和利益;在稀缺产品层次,能为优质客户带来多大的额外价值和附加利益。明确了这些之后就要选择与之相匹配的营销策略,具体营销策略在这里不做说明,可以参考市场营销方面的书籍,或请教营销专家。

(2)产品组合策略。向投资者说明企业的产品组合策略,主要是企业将经营的产品类别,有多少产品线,产品线内有多少组产品项目,各种产品在功能、生产和销售方面的相互联系是否紧密等。对产品组合的阐述要着重让投资者确信能满足市场上的不同需求,同时也符合企业自身的效益。

（3）品牌策略。品牌策略的目的是使产品（服务）在顾客心中形成一种品牌文化。例如，提到耐克想到的是活力和大气，提到海底捞想到的是其优质的服务。因此，如何形成这种品牌文化是策略的核心。在策略的选择上要思考：使用品牌的策略；使用何种品牌策略；个别品牌策略、统一品牌策略、分类品牌策略、延伸品牌策略还是多品牌策略？

（4）产品开发策略。这一部分要向投资者说明将采取怎样的新产品开发方式，要让他们相信，企业的开发策略是符合企业自身的实力和经济效益的。

（5）定价战略。价格是营销策略中非常重要的方面，因为价格决定了企业能赚多少钱，价格也向目标市场传递着重要信息。

（6）分销战略。分销战略需要说明两个问题：销售渠道的长度和宽度。关于长度，要说明在产品和顾客之间经过多少环节——有代理商、批发商，零售还是直销。结合创业企业、市场、产品的特征来说明做出这种选择的原因；关于宽度，要说明企业的市场销售窗口到底有多大，销售点的分布情况以及为什么要这样做。

（7）促销战略。促销就是促进销售，作用在于企业和顾客之间的信息交流和对销售或购买行为的促进。主要分为促销战略和促销方式两个层面。

在战略层面上，需要从促销的目标、产品的性质、生命周期以及市场等角度进行思考。要清楚地说明向谁促销——中间商还是顾客？根据产品的性质、产品所处的生命周期阶段以及市场特征，应采取怎样的促销方法才适合？

在战略层面的基础上，要说明促销的方式。是采取人员促销，还是求助于推销员或者营销机构；如果产品推销、市场开拓、信息沟通、市场调研或者提供咨询服务采取的是非人员促销方式，那么是否要做广告，用什么方式做广告，是否要做营业推广，如何做推广，是否要通过新闻宣传、展览会或者公益活动进行公关促销。

（六）管理团队

许多风险投资者会首先浏览摘要，然后直接翻到管理团队部分，评价企业创建者的实力。因此，赢得融资支持往往不是因为创意或市场，而是创业团队为开发创意做了更充分的准备。创业团队通常包括企业创建者和关键管理人员，创业计划书应该提供管理团队每个成员的个人简介。个人简介包括职位头衔、职位的职责与任务、先前产业和相关经验、先前的成功经历、教育背景等信息，也应该找出创业计划与创业团队间的差距以及弥补差距的时间表。

创业计划书应关注企业组织是如何构建的，即使是一家初创企业，也要概述企业当前的组织结构以及成长过程中企业结构将会如何变化。创业计划书中的组织结构图是展示企业如何构建与权责链条的最有效方式。

绘制企业组织结构图，明确部门职责分工、企业薪酬体系、企业股东名单和董事会成员、职工工作绩效考核方式及企业的激励机制等内容。科学精细的组织结构和人力资源管理设计标志着创业管理团队的精干和素质水平，是投资者最为关注的重点之一。企业管理的好坏，直接决定了企业经营风险的大小，而高素质的管理人员和良好的组织结构则是管理好企业的重要保证。一般而言，创业团队应该是互补型的，一个企业必须同时具备产品设计与开发、市场营销、生产作业管理、企业理财等方面的专门人才。这部分内容包括描述创业者团队所具备的才能、关键管理人员及其主要职责、董事会、所有其他投资者的股权状况、专业顾问和服务机构等。

另外，最好详尽展示企业创业团队的战斗力和独特性，包括职业道德、能力与素质，与众不同的凝聚力和团结战斗的精神，人才济济且结构合理，在产品设计与开发、财务管理、市场营销等各方面均具有独当一面的能力，足以保证企业成长发展的需要等。

（七）运营计划

运营计划部分应描述企业如何运作，以及产品或服务如何生产。首先要描述企业在最重要业务方面的一般运营方法。运营计划部分应该描述企业的地理位置，这个部分还应描述企业的设施与装备。要列出最重要的设施与装备，并简要描述它们的获得途径，如果生产设施是无法描述的（如计算机程序员的工作空间）就不要做过多解释。

创业计划书首先要描述产品或服务开发的当前阶段。大部分产品遵循产品概念、原型化、试生产和全面投产的研发路径。创业计划书应该着重描述产品或服务所处的发展阶段，并提供后续步骤的进度安排。如果处于企业早期阶段仅仅拥有创意，创业计划书应该认真解释如何制造产品原型，它是新产品的初次实物展示。

挑战和风险部分应该揭示产品或服务进入市场过程中，企业可能遇到的主要设计、研发风险与挑战。本部分还应描述企业拥有或打算保有的专利、商标、版权或商业秘密。如果初创企业仍处于早期阶段，可能没有采取任何知识产权上的措施，但应该获得一些法律建议，以便在创业计划书中讨论相关事宜。

（八）财务规划

创业计划书的最后部分是企业的财务规划。它涵盖了整个创业计划，并用财务数据将其表示出来。首先，财务规划包括资金的来源与使用陈述，它特别需要指明企业需要多少资金，资金可能从何而来以及资金用在什么地方。

假设清单解释了财务报表所依据的最重要的假设。识别企业依据的关键假设并彻底检查这些假设,对企业成功具有重要意义。预计财务报表是创业计划书财务部分的核心内容,但是在早期的创业企业中,这是最容易被忽视的方面。预计财务报表包括预计收益表、预计资产负债表和预计现金流量表。一般应准备3~5年的预计财务报表,如果是已开业企业,应该提供3年来的历史财务报表。

1. 成本预测

一般来说,新创企业要把成本分为不变成本和可变成本两大类分别加以描述,其中不变成本是指一定时期,一定业务范围内固定不变的成本,包括固定场所租金、保险费、折旧费等。可变成本是指随着生产或销售量的变动而变动的成本,包括原材料费、水电费、燃料费、销售费用等。预测成本时,可以先按类别划分测算,然后相加求得总成本。

2. 现金流量管理计划

给出特定时期计划销售和资本支出水平,现金流量管理计划将突出特定时期的额外融资数量,表明营运资金的最高需求。详细说明预期现金流的进出金额和时间;预测必需的额外融资和时间,并指出营运资金需要的高峰期;指出如何通过股权融资或银行贷款等方式获得额外融资,以及获得的条件和偿还方法;讨论现金流对各种企业因素假设的敏感度。

3. 盈利情况预测

预测产品或服务的销售收入,成本费用及净利润,描述未来若干年预计利润表,表明为补偿所有成本所需要的销售和生产水平,包括变动成本(制造、劳动力、原材料、销售额)和固定成本(利息、工资、租金等),这是创业企业实现盈利的现实检验。

4. 资产负债表

提供新创企业拥有的资产和负债等方面的估价,反映在某一时刻的企业状况,投资者可以用资产负债表中的数据得到的比率指标来衡量企业的经营状况及可能的投资回报率,表明未来不同时期企业年度或半年度的财务状况。

(九)风险分析

成功地消除和减轻投资者的顾虑,将有助于获得投资者的青睐。不同企业有各自不同的情形和风险,这些风险可以分为机会风险、技术风险、市场风险、资金风险、管理风险、生产风险和环境风险等多个方面。要想融资成功,就要说明企业将怎样对这些风险因素实施控制,来证明创业企业具有较强的抗风险能力。

风险投资者通常对创业投资的退出策略极为关注。在创业计划书中,最好考虑设计适当的退出路径。常见的创业投资退出方式主要包括公开上市、兼并收购和回购等。创业企业应该对三种退出方式的可能性进行可信的预测，当然，任何一种可能性都要让投资者清楚投资的回报率。第一种是公开上市，上市后公众会购买企业股份，风险投资者持有的部分或全部股份就可以卖出。目前这条退出途径在国内因为法律和股市不完善而很不畅通。第二种是兼并收购，兼并收购即把企业出售给大公司或者大集团。采用这种方式时，一定要提供几家对本企业感兴趣并有可能采取收购行动的大集团或者大公司。第三种是回购，回购可以给投资者提供一种"偿付安排"。在偿付安排中，投资者会要求企业根据预定的条件回购投资者手中的权益。

二、创业计划书的撰写原则

（一）撰写创业计划书的基本原则

1. 力求准确

向投资者全面披露与企业有关的信息，无论是优势还是困难都要讲到位，体现出与投资合作的诚意，隐瞒实情、过分乐观甚至夸大其词，往往会适得其反。投资人往往会关注创业者现阶段的难题，以此为切入点来考察创业者与创业团队解决问题的能力，这是考评创业者的重要指标。创业计划书中的所有内容必须实事求是，即使是财务规划也要尽量客观、实际，切勿凭主观意愿进行估计。在创业计划书中，创业者必须根据大量的调查进行科学分析，尽量陈列出客观的、可供参考的数据与文献资料。

因为创业计划书的内容复杂繁多，前后的行文要相互一致、保持统一，体现内容的系统性和形式的逻辑性，避免出现前后不一、自相矛盾的现象。如果出现这种情况，就会让投资人或贷款人对创业计划产生怀疑。

创业计划书是实施创业的推介性文件，要在编写时明确地说明创业活动本身的优势和前瞻性，能够填补市场空白或在同行竞争中能够体现市场发展趋势，把创业活动本身的亮点和优势在创业计划书中淋漓尽致地体现出来，为投资人或贷款人提供决策依据。创业计划书要呈现具体的竞争优势，显示经营者创造利润的强烈愿望。但同时也应该说明可能遇到的风险或威胁，不能只强调优势和机遇而忽略存在的劣势与风险。

2. 简明扼要

创业计划书要避免冗长和无聊的叙述，应该中心突出、主题鲜明、简明扼要、开门见山地介绍创业者的想法和观点，在态度上既不好高骛远，又不妄自菲薄，做到实事求是，精益求精，便于阅读、操作和执行，以提高创业成功概率。

投资者常常每天要阅读几十份甚至上百份创业计划书，他们不可能通读计划书的所有内容，因此，创业计划书首先要简洁，能够一句话表述清楚的就一个字也不要多加，最好开门见山，直抒主题，让投资者觉得阅读每一句都是有意义的。许多创业者常犯的毛病是把创业计划书写得像一部企业管理大全，面面俱到，忽视了应有的侧重点。所以，要根据项目的发展阶段，结合所要获得投资的目的来突出"我有什么""我做了什么"以及"我需要什么"，让投资者一目了然。清晰的逻辑结构会给人一种思路清晰的感觉，看到这样的创业计划书，投资人可以最有效地了解你的构思与想法。

3. 条理清晰

创业计划书中应尽量避免技术性很强的专业术语，要尽可能用通俗易懂的语言，以便交流。一般而言，风险投资者更关心创业计划书能为他们带来多大效益。过多的专业术语会影响读者的兴趣，让他们觉得晦涩难懂，即使不得已要使用专业术语，也应该加以解释和说明。

创业计划书看起来似乎是很高深很复杂的文本，实际上，无论新创企业是做高科技还是传统产业，投资者真正关心的问题都是一样的：做的是什么产品？怎么赚钱？能赚多少钱？为什么？商业机会；所需要的资源；把握这一机会的进程；风险和预期回报。在制订创业计划书之前，能够清晰地就这几个问题解释清楚就可以了。

4. 强调可行性

创业计划书归根结底是要指导创业实践活动的，一旦确定，便是创业者拟定的创业行动蓝图，因此，它必须具有很强的可操作性，以便于实施。特别是其中的营销计划、组织构、管理措施、应对风险的方法和策略等，必须具有可行性和可操作性。

创业计划书要明确自身的能力以及身边的资源，分析自身能够创造出的差异价值，真实地阐明产品与服务占领目标市场的可行性。创业计划书描绘的前景可能很动人，但是真正打动投资者的，还是要让他们确信这幅图景是可实现的。要做到这一点，需要在创业计划书完成之前和之后进行反复的市场调研，通过调研消费者、竞争对手、市场等对象，在调研数据的基础上，进行财务分析，说明企业将获得的收益。要知道数据是创业计划书中最让人产生信任的内容之一。

5. 市场导向原则

创业的目的是创造利润和财富，因此创业计划书必须把握市场方向，以市场需求为导向，通过市场需求带动创业。同时，通过对市场需求进行合理的分析，寻找创业的合理依据，充分体现创业者对未来市场的把握，而且要在编写的创业计划书中说明市场需求分析所依据的调查方法与事实证据等。

（二）创业计划书撰写步骤

撰写创业计划书的创业者在事后总会跟看过医生的病人一样，着重于谈论痛苦而不是结果。创业计划书的撰写并不是件浪漫的事，但是，既然打算写一份优秀的创业计划书，那就必须做好思想准备，准备好将要花费的时间、耐心和思考，准备好不断的辩论，并做好进行长时间的研究、写作和编辑的准备。

1. 将创业计划书构想细化

创业团队需要对创业活动进行总体的规划，明确企业的竞争对手、客户、技术和企业的盈利模式等内容。

2. 市场调研

创业团队需要对企业所处的行业、环境和政策背景进行调研，需要就企业的竞争对手展开研究，需要就客户展开调研，调研的细致准确将为下一步的工作奠定扎实基础。

3. 创业计划书写作

根据企业的构想和市场情况，制定出明确的目标、市场和竞争战略，拟定实施战略的具体措施，并说明企业团队的执行能力，再对公司的未来做一份完整的财务分析。在此基础上构成创业计划书的基本框架。

4. 创业计划书的检查和调整

在创业计划书写完之后，最好采用模拟辩论的方式，从创业计划书中发现存在的问题。另外，当局者迷，最好再求助于融资顾问，就创业计划书能否对投资者关心的问题做出清楚的说明并准确回答投资者的疑问做出评价。如果不能，就要做出相应的改进。

5. 创业计划答辩

这是推销创业计划书的时机，牢牢记住简洁的市场分析和可靠的数据分析是对答辩有益的，对一些可能的提问也要事先做好应对的准备。

（三）创业计划书撰写应注意的问题

1. 明确创业计划书的作用

创业计划书的作用：一是对未来的创业活动做出计划和预期，以规范创业过程中的各种行为；二是用来吸引投资人，这可能是创业计划书最为实际的功用，所以创业计划书的撰写要尽可能迎合投资者的心理和要求。写一份计划书就像做一次演讲，一个好的演讲者应该讲听众感兴趣的，这样才能吸引听众的注意力。创业计划书撰写的切入点不同，可能不会对创业者的行为产生影响，但却会直接影响创业融资的结果。创业计划书中的计划摘要就显得十分重要，它必须能让读者有兴趣并渴望得到更多的信息。

2. 避免一些容易犯的错误

有技术背景的创业者往往缺乏营销经验，更没有建立、维持企业竞争优势的经验。他们即使意识到市场的重要性，也很有可能会把重点放在描述市场有多么巨大、前景有多么广阔上，而没有注重思考、描述竞争与营销策略的问题。而如何建立、维持企业的竞争优势，采用何种营销策略却是投资人最想听的。

一个创业计划书总是沿着基本的商业概念逐步完善的。开始，计划书只强调几个关键性的因素，随着分析的深入，新的条目不断地被补充；随着新情况的出现，计划书还需要被重新评估并加入反映这些新情况的条目。项目和结果势必会经过不断地协调使计划的主旨不会发生错误。

3. 创业计划书应当简洁明了

创业计划书应当做到让外行也能看懂。一些创业者认为他们可以用大量的技术细节、精细的设计方案、完整的分析报告打动读者，但大多数时候并不是这样。只有少量的技术专家参与创业计划书的评估，许多读者都是全然不懂技术的门外汉，他们更欣赏一种简单的解说，也许用一个草图或图片作进一步的说明效果会更好。如果非要加入一些技术细节，可以把它放到附录里去。

4. 创业计划书的写作风格应前后一致

在创业计划书的编写过程中，一些细节方面也同样重要。一份创业计划书，通常由几个人一起完成，但最后的版本应由一个人统一完成，以避免写作风格和分析深度的不一致。而且，好的创业计划书必须正确、清楚。所谓正确，即必须注意数字的准确性，只要提到数字必须有根据，如为参考别人的数据则应注明出处，如为假设则必须说明假设条件。所谓清楚就是容易懂，让拿到创业计划书的人不必再经口头解释，就可以容易地了解整个投资构想。

（四）创业计划书撰写技巧

1. 创业计划书力求简洁清晰

创业计划书除了要求对创业计划的目的过程和结果进行表面描述外，还要力求简短，尽量避免长篇幅的赘述。由于创业计划书的读者大多是投资家、金融资产管理者和政府、企业的关键人物，他们都不愿意看到一篇主题不突出、篇幅冗长的创业计划书。

阅读创业计划书的人往往都惜字如金，他们可能会有意无意地通过你对自己企业的描述做出判断。创业计划书中的目录、执行摘要、正文、图表和附录等部分要有连贯性和逻辑性，前后内容要相互呼应，不能相互矛盾。计划书的装订要进行适当的包装，体现庄重、大方的风格。因此，创业者对新创企业的介绍务必做到简洁、结构清晰，一般创业计划书的篇幅内容（不包含附录）不超过50页A4纸为宜。

2. 捕捉投资人兴趣点

为了说明创业企业产品或者服务的销路，计划书中要明确强调目标市场，充分说明商业机会，避免试图创造多样化的市场或者多种投资，因为一个企业开办初期应首先集中力量开拓明确的目标市场。

要想在五分钟内激发投资人的兴趣，让投资者产生欲罢不能的感受，就要在扉页和实施概要上下功夫，把它们写好。

3. 让计划充满憧憬

制订具体实施方案时，要以时间为轴线，对每项工作做出具体明确的安排，什么时间做什么事，达到什么要求，要尽可能写清楚，努力提高计划的可操作性。制定规划要高瞻远瞩，不要只顾眼前利益，要把企业引向广阔的发展道路上。

创业者在撰写计划书时要善于使用鼓舞人心的词汇，描述企业的发展趋势和前景，描绘未来的打算，说明产品所蕴含的巨大潜力和即将带来的较大财富。

4. 避免言过其实

项目可行性论证理由要充足，要对项目的长处与短处作客观公正的分析。这就要求创业者在进行前面的诸项考察时一定根据实际情况，对创业项目的优势和劣势做出全面详细的调查，取得真实可靠的一手资料。创业团队关键人物的技能和团队人员之间的互补功能对创业企业取胜至关重要。通常投资家在审查创业计划书时，非常重视创业团队的人员构成。创业计划书中应提供团队关键人物的能力证明资料，比如，专利发明、获奖证明、工作技能和主要工作经历等。

销售潜力、收入预测估算、增长潜力都不要夸大，好的创业计划书以其客观性说服投资人。一份计划书写得像一份煽情广告，会大大降低计划的可信度。最好的、最差的、最有可能的方案都要在计划书中体现出来。实际上，许多风险投资者常使用一种"计划折扣系数"，认为"成功的新创企业通常只能达到他们计划财务目标的大约50%"。

5. 突出关键风险因素

创业计划书中涉及的关键风险是投资者、银行以及其他投资者最敏感、最关注的部分。在创业计划书中，既要陈述创业者的危机管理能力，又要让他们察觉到这些风险，同时表达出这些风险对创业团队而言是可以驾驭的。撰写目标市场评估分析时，应把如何区分目标市场的情况描述清楚，目标市场是企业利润的来源，是营销、财务计划能否表达清楚的关键。

撰写创业计划书的管理运营部分，一定要让投资人接收到创业者团队具有较强管理能力和资源整合能力的信号，这是投资人最想看到的信息。

6. 不断检查修正

好的创业计划书地秘诀在于不断地修改，很少有人能够一气呵成。在修改过程中，应该认真广泛征求意见，以增强计划的可读性和规范性，尤其对目录、实施概要、附录、图表等做合理编排，务求美观整洁。切记不能出现语法、标点、拼写及印刷、装订等低级错误。

创业计划书可以由创业团队自己编，也可以委托咨询公司编制。由于创业者熟悉自己的任务和职责，又非常了解自己的产品和服务的特征，在充分考察投资环境和外部市场等重要因素的情况下，自己编写出来的创业计划书更具有可操作性。如果委托他人制订创业计划书，计划书的编制者要详细了解创业企业的内外部环境，并且要得到创业者的支持。由创业团队亲自参与编写的，这时的计划书中使用的称谓通常是"我""我们"等第一人称。如果计划书是委托咨询公司起草，最好以第三人称角度措辞，即使用"他""他们"等人称。无论使用何种称谓，都要避免使计划书带有个人化色彩，努力做到内容客观、公正。

（五）创业计划书的评价

1. 关注产品

在创业计划书中，关于产品的介绍应该是重中之重。在创业计划书中，应提供所有与企业的产品或服务有关的细节。应包括产品处在生命周期的哪个阶段？它的独特性怎样？企业的分销渠道是什么？谁会使用企业的产品？产品的生产成本是多少？售价是多少？企业发展新产品的计划是什么等诸多问题。

在创业计划书中，创业者应尽量用简单的词语来描述每件事。商品及其属性的定义对创业者来说是非常明确的，但其他人却不一定清楚它们的含义。制订创业计划书的目的不仅是让出资者相信企业的产品会在市场上产生革命性的影响，同时，也要使他们相信企业有证明它的论据和能力。

2. 敢于竞争

在创业计划书中，创业者应细致地分析竞争对手的情况。竞争对手都是谁？他们的产品是怎样的？竞争对手的产品与本企业的产品相比，有哪些相同点和不同点？竞争对手所采用的营销策略是什么？要明确每个竞争者的销售额、毛利润、收入以及市场份额，然后讨论本企业相对于每个竞争者所具有的竞争优势，要向投资者展示，顾客偏爱本企业的原因。创业计划书要使它的读者相信，本企业不仅是行业中的有力竞争者，而且将来会是确定行业标准的领先者。在创业计划书中，创业者还应阐明竞争者给本企业带来的风险以及本企业所采取的对策。

3. 了解市场

创业计划书要给投资者提供企业对目标市场的深入分析和理解。要细致地分析经济、地理、职业以及心理等因素对消费者选择购买本企业产品这一行为的影响，以及各个因素所起的作用。创业计划书中还应包括一个主要的营销计划，计划中应列出本企业打算开展广告、促销以及公共关系活动的地区，明确每一项活动的预算和收益。创业计划书中还应简述企业的销售战略：企业使用的是怎样的营销渠道，创业计划书还应特别关注销售中的细节问题。

4. 表明行动的方针

企业的行动计划应该是无懈可击的。创业计划书中应该明确下列问题：企业如何把产品推向市场？如何设计生产线？如何组装产品？企业生产需要哪些原料？企业拥有哪些生产资源，还需要什么生产资源？生产和设备的成本是多少？企业是买设备还是租赁设备？解释与产品组装、储存以及运输等有关的固定成本和变动成本的情况。

5. 展示企业的管理队伍

一个把思想转化为成功的创业企业，其关键的因素就是要有一支强有力的管理队伍。这支队伍的成员必须有较高的专业技术知识、管理才能和多年的工作经验。管理者的职能就是计划、组织、控制和指导公司实现目标。在创业计划书中，应首先描述一下整个管理队伍及其职责，然后分别介绍每位管理人员的特殊才能、特点和造诣，细致地描述每个管理者将对公司所做的贡献。创业计划书中还应明确管理目标以及组织机构图。

6. 出色的计划摘要

创业计划书中的计划摘要也十分重要。它必须让读者有兴趣并渴望得到更多的信息，它将给读者留下长久的印象。计划摘要将是创业者所写的最后一部分内容，但却是出资者首先要看的内容，它将从计划中摘录出与筹集资金最相干的细节：包括对公司内部的基本情况、公司的能力以及局限性、公司的竞争对手、公司的营销和财务战略、公司的管理队伍等情况的简明而生动的概括。如果公司是一本书，它就像是这本书的封面，做得好就可以把投资者吸引住。

第六章

大学生创新创业教育模式

第一节 大学生创业教育模式概览

一、模式述评

教育模式是对教育进行有效实践而采取的一种教育策略的集合体系,其特点主要是体现一定的程序。从宏观角度来讲,高校创业教育模式主要是指创业教育的工作体系构建;从微观角度来讲,高校创业教育模式主要是指创业教育的课程设置、教学实施、师资组成和实践活动等。在对创业和创新创业属性研究的基础上,我们进一步考察创业教育模式。当前,较流行的创业教育模式主要有素朴的创新创业教育模式、商学院创业教育模式、创业型大学模式等几种。

(一)素朴的创新创业教育模式

国内创新创业教育的初级阶段主要表现为举办和引进竞赛,本书称其为素朴的创新创业教育。1989年,在国家教委的统筹下,清华大学等高校和全国学联、中国科协等单位联合发起举办了首届"挑战杯"大学生课外科技活动成果展览暨技术交流会。随着社会对创业的逐渐熟识以及国外创业教育不断被介绍到国内,20世纪末,清华大学经济管理学院的青年学生把美国创业计划竞赛引介到国内。1998年,清华大学举行了中国最早的学生创业计划竞赛。1999年,共青团中央、全国学联等单位主办、清华大学承办的首届"挑战杯"中国大学生创业计划竞赛成功举行。在这一阶段,竞赛成了推动创新创业教育最有力的动力。国内创新创业教育研究基本上都会涉及"挑战杯",在这一品牌下汇聚了创新竞赛和创业竞赛两个子品牌,并对其进行严格区分和宣传引导。创新竞赛是指课外科技创新成果方面的学科竞赛。创业计划竞赛采用风险投资模式，参赛者组成竞赛小组，围绕一个具有市场前景的产品或服务概念，以获得风险投资为目标，完成创业计划书。在设计竞赛的过程中，创新与创业从一开始就被分割开来，使创新创业教育明显地先天不足，创新和创业成了完全不相关的两件事情，导致在后来的竞赛管理中存在着诸多问题，如参赛人员直接使用教师的科研成果、创新竞赛成果用于创业竞赛等。在这一阶段，高校师生对创新创业的需求已经有了萌芽，素朴创新训练和创业竞赛满足广大师生素朴的创新创业需求。之后，创新创业竞赛的发展逐渐有学科化、专业化的趋势，如全国大学生智能汽车竞赛、全国大学生节能减排竞赛、机器人竞赛等，更加偏向于科技成果的转化应用问题，偏向于知识的资本化。

（二）商学院创业教育模式

商学院（管理学院）内部创业学科的发展被称为专业模式或聚焦模式。2004年，教育部在浙江大学设立了"创业管理"硕士点和博士点，在本科阶段设立"创业管理"方向，并与国外多所专业院校建立了国际合作课程。同时，中国高校开始广泛引进国外创业教育项目，SYB（Start Your Business）、KAB（Know About Business）等创业教育项目和课程在中国的商学院里得到了推广。2009年，浙江大学与百森商学院等国际一流商学院联合创办了"全球创业管理"硕士研究生项目，在国内掀起了一股以商学院为主力军的创业教育热潮。而学界对商学院模式的弊端已有较深刻的认识，其受经济学影响太深，照搬了商学院的教学方式，过于聚焦企业管理。该模式让商业计划成了创业的代名词，并将其置于核心位置，削弱了非商业环境下创业的潜能，创业环境过多地集中在市场模式，教学设计集中在创业行为的培养，忽略了创业技能、态度的培养等问题。高校很难接受这种以商业为主导的模式，需要对创业教育模式进行有效改进。从本质上说，商学院模式不同于其他创新创业教育模式，不同之处在于它所传授的就是创业知识本身，即为了创业而学习创业。这种模式应该属于创业属性中的建构范畴，这和创新创业教育传授创造性工作的宗旨是不一致的，对于创新创业教育而言应该是一种非典型模式。真正的挑战是构建一个新的模式，将商学院已经发展了50余年的教育模式取而代之。

（三）创业型大学模式

创业型大学模式被认为是继教学型、研究型大学之后的第三种大学模式。创业是大学从知识的保存、传播和创造的基本功能之外，衍生出的第四种功能。亨利·埃兹科维茨认为，经常得到政府政策鼓励的大学及其组成人员对从知识中收获资源的兴趣日益增强，这种兴趣和愿望又加速模糊了学术机构与公司的界限。创业型大学模式的关键是建构了以知识资本化为中心的大学—企业—政府三螺旋关系，大学、企业和政府是平等的，在促进创新和产业进步的过程中，一切以需求为核心。这一模式具有大学高层管理者全力支持、自上而下推动的特征，广泛成立专门开展创业教育的机构，建立跨学科研究中心，同时努力培养学生的创业行为、创业技能和创业态度，注重学生创业情感、智力的发展。有学者对美国排名前38的大学的创业教育模式进行研究，发现有74%的高校采用全校性创业教育模式。所以说，创业型大学模式成为大学生创业教育的主要趋势。

国内有的学者将创业型大学作为创新创业教育的一种高级形式，这值得商榷。一方面，创业型大学模式指的是大学治理、高等教育管理层面的问题，这是组织转型，是教学型、研究型大学如何更好地发展的问题；另一方面，创业型大学模式显然涉及创业教育，创业教育，只是创业型大学的一部分，或者其中一个显著特征，更直接地说，创业教育已经融入创业型大学。

目前，创业型大学是否是大学发展的一个确定性阶段有待商榷，同时，创业型大学在国内普及是否同样有效也有待观察。因为国外创业型大学是建立在研究型大学基础上的，而国内却并非如此，可以说是百花齐放、百家争鸣，各种层次类型的大学都在探索创业教育。从逻辑的可能性上来说，各种不同层次的大学需要不同类型的创业教育。

二、策略研究

（一）明确创新创业教育的定位

国内创新创业教育发展经历了素朴的创新创业教育、商学院创业组织模式、创业型大学组织模式等多个阶段、体系和模式，其内容从以商业计划为核心转向以创新创业能力培养为核心，教育对象从以商学专业学生为主拓展到面向全体学生，教育特征从具有"广谱效应"的模式发展到专业化、技术化的创新创业教育模式。这对宣传鼓动、营造氛围、形成文化起到了重要作用。从创新创业教育模式的发展过程来看，具有"广谱效应"的创新创业教育延伸发展了商学院模式，但未能真正实现知识资本化。具有"广谱效应"的创新创业教育实现了创新创业量的增长，需要解决的是质的提升。同时，国内大多数高校难以达到创业型大学的要求，同时要摆脱商学院的弊端已成为一大难题。这一系列问题指向的是构建适合当前教育水平的创新创业教育模式，以切实提高国内创新创业教育的效率和质量。

创业的概念具有丰富的外延。这个概念不但很难讲清楚，而且一直在变化，用马克思的话说叫作"实践的概念"。几乎所有的学科都是根据自身热点问题，对创业稍加关注，很少有学科会主动去考虑创业的基础理论及自身的理论构架，甚至对创业的概念没有严格按照形式逻辑中关于"种差+属"的定义方法来界定，而是以较为随意的类比、列举、描述等方式来界定。这就使创业在高等教育中的运用成了一件具有危险性的事情，因为传授给学生的"创业"一方面没有经过严密的科学论证；另一方面在实践中的可操作性一般化。所以，高校开展创新创业教育要进一步明确的是开展具有探索性的创新创业，而非一般性的商业贸易，要努力让师生获得掌握知识资本化的能力。

（二）确立知识资本化的核心地位

国内高校开展创业教育的目标或核心在于培养学生创新创业的能力、意识和精神等，其本质指向的是以学生为主体的教育，这无可厚非，但只靠理念的指引，效果并不好。这些理念都是完全正确且值得提倡的，但是在操作中却存在诸多困难，不能一针见血地指出创新创业教育的核心。在高等教育所鼓励的创新创业教育中，无论是一般性企业创建还是创新创业，盈利仅只是最基本的需要，知识资本化才是其核心需要。广泛开展创业技能、企业管理知识的培训，最大的弊端就是妨碍了教师和学生对知识资本化的认识，将学术研究、知识学习与创新创业作为两件事情，削弱了高等教育服务经济社会发展的作用。高校的创新创业教育要正确面对这一薄弱环节，努力确立知识资本化的核心地位，以此为核心建构创新创业教育的体系和模式。

（三）理清知识资本化和非功利性的关系

以创业促进就业是一个好的思路，但这似乎不应该是高校的主要工作，而是应该由政府来推动。高校以此为目的普遍开展创业培训，过早地束缚了学生的思维和创新意识，引导学生更多地关注创业的建构属性，在一定程度上剥夺了其探索的勇气。我国高等教育的根本任务是立德树人。创新创业教育作为立德树人的重要组成部分，要摒弃以创业促就业的功利思想或努力让学生通过创业成为百万、千万富翁的实用观点。开展创新创业教育并不是为了让学生成为功利主义的人，而是培养学生创新创业的劳动精神，促使其能够全面发展。美国百森商学院的蒂蒙斯认为，学校的创业教育不是为了解决就业问题的培训，而是为未来几代人设定"创业遗传代码"，以造就最具革命性的创业一代。

（四）鼓励创新创业的草根精神

创新创业从本质上来看，具有非规划性、实用性不明确等特征。特别是创造性的工作是一个不可分割的整体，不是通过灌输创业知识、培养创新精神和创业精神，就能使学生具备创造性工作的能力。2011年，我国大学生自主创业比例为1.6%，远低于发达国家20%的水平，创业成功率只有2%~3%，一方面说明创业的难度，甚至可以说风险很大；

另一方面说明当前创业教育的效果并不能满足国家和社会的需要。所以，必须营造相对宽松的创新创业教育环境，鼓励学生从自身的专业、兴趣等方面开展主动性的学习研究，并充分保护学生的好奇心。

三、大学生创业教育模式的内涵

（一）大学生创业教育模式的含义

从本质上说，创业教育就是指培养学生创业意识、创业素质、创业技能的教育活动，即培养学生适应社会生活，提高能力，使学生掌握创业的方法和途径。高校的创业教育实际上是大学生素质教育、创新教育的一部分，是适应知识经济发展、拓宽学生就业门路和构建国家创新体系的长远大计，也是高等教育功能的扩展。

创业教育是一种使人的素质不断提高的终身教育，而不仅仅是一种专业技能教育。创业教育的核心是创新教育，以发掘人的创造潜能、弘扬人的主体精神、促进人的个性和谐发展为宗旨。

目前，我国高校的创业教育还处于起步发展阶段，其中一个值得关注的重要问题就是现有的创业教育模式还不够完善，致使高校大学生创业教育的现实状况与大学生迫切的创业需求存在着较大的距离，这无疑给高校提出了新的任务和要求，高校需要努力构建大学生创业教育的新模式。模式是一种问题的解决思路，它已经适用于一个实践环境，并且可以用于其他实践环境。

换言之，模式其实就是解决某一类问题的方法论，即把解决某类问题的方法总结归纳到理论高度，体现一定的应用形式或样式。基于这样的定义，我国高校大学生创业教育模式可以归纳出多个类别。比如，研究型大学创业教育模式、教学型大学创业教育模式和服务型大学创业教育模式。又如，可将创业教育模式划分为课堂式创业教育模式、实践式创业教育模式和综合式创业教育模式。由上可知，大学生创业教育的模式不是唯一的，而是多样的，每一所高校都应结合实际选择适合本校的创业教育模式。不管是哪种创业教育模式，其构成都应该包括五个方面：实施目标、专门课程、训练项目、保障机制、内外环境。

（二）大学生创业教育模式的特点

高校大学生创业教育模式是在现实应用中发挥作用的，随着创业理论研究的深入和创业教育实践的发展，将会出现多种多样的创业教育模式。虽然各个类型的模式呈现多样性和层次性，但诸多创业教育模式仍具有一些共同特点，主要表现如下。

1. 导向性

创业教育的最高目标是为社会培养大量创业型人才,使其在工作岗位上发挥才能,成为社会经济发展、科技创新的推动力。这样的目标虽然好,但是不符合实际。而实际需要把握的是大学生创业教育的现实目标,重在培养大学生的创业精神、创业知识、创业意识,达到以创业带动就业的目的,这才是大学生创业教育的根本方向和追求。因此,如今在开展大学生创业教育过程中,要充分认识到模式的导向性,应将以创业带动就业作为最基本的创业教育模式构建与实施要求。

2. 全面性

创业教育是面向高校所有大学生的,其本质就是素质教育。在各个类型的创业教育模式中,其包含的内容都应全面而具体,不仅体现为世界观、人生观、价值观以及人生规划,还包括创新思维、创造力开发以及创业原理、创业技能、经营实践等。在实际的内容安排上,大学生创业教育内容主要涉及四个方面:创业意识教育、创业知识学习、创新能力培养、创业实践活动。这四个方面的内容构成一个整体,缺一不可。

3. 实践性

创业教育与传统应试教育有很大区别,其更注重理论与实践相结合,没有实践的创业教育是空洞而粗浅的。无论是哪种类型的创业教育模式,都必须强化理论知识学习与实践应用体验相结合、课内安排与课外安排相结合、校内教育与校外教育相结合,突出创业实践训练环节。要注重引导学生强化实践意识,养成"学中做,做中学"的习惯,鼓励学生积极参与生动的创业实践活动,在实践中锻炼和提升自己。

4. 变化性

创业教育是在持续发展中不断推进的,其内容和形式不是固定不变的,而是动态变化的,所以创业教育模式也必然是发展变化的。这就要求大学生创业教育模式要不断吸取新思想和新技术,在师资、教材、项目、内容、方式等方面及时更新,进而得以改进与加强,使创业教育中的诸多因素能够适时优化,使其日趋完善,符合时代的需求,确保有效发挥其应有的作用。

5. 过程性

大学生创业教育的内容十分广泛,涉及管理学、创造学、心理学、社会学、经济学、法学等相关学科知识,既有理论教学,又有实践训练,需要按计划、分学期逐步落实。因此,大学生创业教育模式的构建与实施应贯穿于大学教育的全过程,绝不是阶段性、片面性的应付,要从大学生入学开始,按照年级分别确定可行的创业教育目标、教育内容,并选择相应的教育方式、方法，做到有计划、有内容、有实训、有标准、有考核。

6. 特色性

高校开展大学生创业教育不能千篇一律，切忌简单效仿。每一所高校应当在现实中求创新、求突破，彰显自身的创业教育特色。从根本上来讲，形成创业教育特色主要体现在模式上，这就意味着高校必须打破僵化、单一的大学生创业教育模式，大力突出模式的个性化和多样性。可以断言，一所大学的创业教育开展得好，其创业教育模式必定是具有特色的，在很大程度上决定特色成效。

第二节 高校创新创业教育模式的构建

一、教育理念的更新和教育目标的调整

（一）创业教育理念的形成

创业教育需要创新教育理念，向理念要发展，要在以下六个方面形成新的理念认识。

1. 全面发展是创业教育的方向要求

全面发展是马克思主义全面发展理论的主旨思想，理应成为创业教育的指导方针。大学生是一个完整的生命主体，是一个有多方面需求的存在个体。针对这一情况，创业教育要吸收专业教育和素质教育内容，确保大学生身体素质和心理素质的全面发展，确保大学生物质生活和精神生活的全面发展，确保世界观、人生观、价值观的全面发展。

结合创业教育实际，在确保能够积极应对职业需求、劳动变换、人员流动和工作受挫的前提下，重点培养大学生的创新能力和实践能力、创业意识和创业本领，完善创业知识结构，着力开发大学生的智商和情商。

2. 主体性发展是创业教育的本质要求

主体性发展是指人在与客体相互作用中应具有的能动性发展。这种能动性发展主要表现在两个方面：一是人对自然、社会的认识、利用和改造方面，表现为人的主动性、自主性、选择性和创造性发展；二是人在自然和社会责任方面，表现为人的道德性、理智性和自觉性发展。

在物质生活和精神生活都有着极大改善的今天，大学生对自身主体性产生了极为迫切的意愿诉求，创业教育就是把大学生培养成为社会实践能动的主体，尊重大学生的人格、主体地位和参与原则，最大限度地激发学生的道德性、主动性、自觉性和创造性，培养大学生对知识、问题主动思考的质疑态度和批判精神，并运用所学的知识，解决实际问题，了解和掌握创业规律和特点，有效提升创业主体所具备的综合素质。

3. 创新性发展是创业教育的特征要求

创新性发展是创业教育的时代命题、前进课题和现实问题，也是检验一个高校创业教育工作实现又好又快发展的考题。创新性发展源于创业教育多样的教育体系、教育机制和教育平台，主要体现在以下几个方面。

第一，结合新经济增长的智力支撑特点，体现时代要求，体现中华民族伟大复兴对未来人才的要求，建立教育紧紧沟通社会与经济的教学纽带，建立人才从单一型向复合型、从职业型向社会型、从传承型向创新型、从从业型向创业型转换的培养渠道，丰富创新型发展体系。

第二，结合学分制、休学制、转学制等弹性学制与创业教育配套的教育政策，解决好创业课程与创业实践、孵化基地与经济实体的联系，建立有利于创新创业人才脱颖而出的教育制度，开辟创新性发展机制。

第三，结合学校产学研过程，利用社会课堂、视频教学、远程教育等诸多手段，扶植一批品牌创业项目，形成科技创新的吸引力，以扶持意识和竞争意识形成创新原动力，搭建创新性发展平台。

4. 个性化发展是创业教育的内在要求

个性化发展不是德、智、体、美、劳等方面均衡的发展，而是某一个方面或几个方面的突出发展。个性化发展就是对人的才能及精神的拓展和解放，是对人的天赋、爱好、秉性及风格的拓展和解放。创业教育可以采取以下途径实现大学生的个性化发展。

（1）教学内容充分体现前瞻性、开放性、实践性和实用性，涵盖策略、技巧、模式、方法和手段，教学形式要为大学生所欢迎，为大学生所接受。

（2）课程设计紧紧结合社会需求和经济建设，凡是社会需求和经济建设中急需的新知识、新技术、新工艺和新方法，都应有效融入创业教育课程体系中。

（3）创业课堂可以在教室，可以在孵化基地，可以在企业，可以在人才、劳务市场，授课教师要注重学生接受教育的过程和结果，不要拘泥于教学计划和形式。

（4）创业教育师生身份可以相互模拟转换，师生关系有时是师徒关系，有时是业主与雇工的关系，有时是法人代表与员工的关系，有时是债权人与债务人的关系。这些方法的采用和落实，能极大地促进大学生个性化行为的生成。

5. 价值性发展是创业教育的目标要求

价值性发展的核心是社会价值发展和物质价值发展。就社会价值发展而言，创业教育应充分利用现代文明进步所赋予的一切教育手段，整合社会力量和资源，抢占马克思主义信仰教育和社会主义核心价值观教育的制高点，突出理论武装的重要地位，着力扩展创业教育的社会观、价值观和发展观，培育大学生全新的生存理念。

就物质价值发展而言，基础是学习，核心是信仰，关键是实践，舍弃小我，融入大我，教育和引导大学生把个人的命运同国家的命运紧密联系在一起，到祖国需要的地方去创业，到工农群众中去寻求发展，在火热的社会实践中，积极成为创新型国家的建设者、物质财富的创造者、自我价值的实现者。

6. 和谐性发展是创业教育的理性要求

创业教育是创造事业的教育，事业成功的标志包括理想道德的积极向上、精神生活的健康愉悦和自然社会的和谐统一。围绕创业教育的理性要求，和谐性发展要从以下三方面展开。

（1）理想道德的和谐发展。这一和谐发展要求大学生自觉把自己的理想落脚在为社会主义服务上、为人民服务上，自觉把自身道德落脚在社会主流价值观上、落脚在社会主义核心价值观上。

（2）精神生活的和谐发展。这一和谐发展要求大学生在德与智、知识与能力、素质与职能和心理与生理的和谐发展。精神生活的和谐性发展促成了社会发展的基础和条件，也促成了大学生追求更高生活质量的基础和条件。

（3）自然社会的和谐发展。这一和谐发展构成社会进步的重要力量，要求大学生接触自然、认识自然、了解社会、理解社会，实现从心理到思想直至行动上的真正融入。

（二）注重实践及创新能力的培养

传统的教育培养出的学生普遍存在理论水平高、动手能力低、创新意识淡薄等问题，这极不符合现代社会快速发展的特点。现代的教育要适应现代社会的发展，就必须改变原有的旧模式，形成全新的教育理念。这关键就是要实现以下转变：由精英教育向大众教育转变；由培养专才向培养通才转变；由"知识+智力"模块向"智能+创新"模块转变；由封闭教育向开放教育转变；由应试教育向素质教育转变等。

高校教育应该是一种理念教育、素质教育，它不仅仅是传授专业知识和专业技能，更应该是一种生存和创造理念的传播，是一种生存素质和创业素质的培养。过去高等教育的培养目标，比较重视知识的掌握和技能的训练，强调人才对现实社会的被动适应，较少考虑如何充分发挥学生的主观能动性和创造潜能。在劳动力供不应求的社会条件下，对维护社会的稳定、促进社会的发展是有益的。但是，一旦劳动力供过于求，它的优越性就难以体现。在目前就业形势日趋严峻的情况下，高等教育要深化人才培养模式改革，着力提高学生的创新创业能力。高校的各级领导要把大学生创业教育作为高等教育改革、提升办学质量的重要载体来抓，纳入年度和中长期的发展规划中去，进一步明确大学生创业教育的使命和地位。要进一步统一思想，在高校形成人人重视创业教育，人人贯彻、执行创新教育理念的良好氛围，凝聚高校推广创新教育的合力。

高校通过开展教育思想观念的研讨，从而树立正确的质量观，开始重视、支持开展创业教育，认识到创业教育对学校事业建设发展的重要性和必要性，真正把创业教育提到学校事业发展的议事日程上来，更新不利于创业教育开展的"怕、等、瞧"等思想观念，由培养就业型人才向培养创业型人才转变，扎扎实实地把创业教育开展好，培养创新型人才。

从某种意义上说，高等院校的创业教育可以说是大学生创业能力培养机制构建的基础。大学生创业能力培养机制的形成，有赖于高等院校创业教育的实施，而高等院校创业教育的实施，首先要求高等院校要转变教育理念。我国的大学教育一直以学科体系为中心，注重知识的系统灌输，大学教育的培养目标更大程度上是培养适应我国社会经济发展所需的就业者。随着终身教育理念的广泛传入及世界范围内的劳动力就业市场的不断变迁，终身性职业时代已逐渐消退，科技发展对人力的替代作用已使更多受过高等教育的人并不能获得一份工资性的工作。因而，我国大学的教育应积极引入创业教育的理念，从教学目标到教学内容都应跳出学科体系的藩篱，在进行系统的专业知识传输的同时更应注重对学生实践能力及创新能力的培养。

大学应通过有效的教育使学生具备敢于创造、不畏艰难、把握机会、勇于创业的精神品质及实践操作技能。通过有效的创业知识及技能培养使学生具备自我发掘商机及就业机会的能力，从而更好地适应社会职业环境的变迁，从"就业者"走向"创业者"。使学生转变就业观念，要做到"三破三立"，即打破等待安置的旧观念，独立自主创业的新观念；破一业而终的旧观念，立从事多职的新观念；破安于现状的旧观念，立开拓进取的新观念。创业意识的培养，要让学生认识到创业是实现远大理想、塑造辉煌人生的一种途径，是社会进步和发展的需要。

创业教育从根本上讲是一种创新教育，突出创业精神和创业能力的培养；创业教育不只是教育内容的更新、教育方法和手段的变革，而且是教育功能的重新定位，因而是带有全局性、结构性的教育改革和发展，是教育领域里一种全新的价值追求。创业教育实质上是在挖掘人类的最高本质的基础上，把创造力的开发作为根本功能的一种全新教育理念和教育行为。

二、不同类型高校的大学生创业教育模式

创业教育虽然有其一般性，但由于各高校办学类型不同，承担的主要任务也不同，所以不同高校的大学生的创业领域与层次、方式与方法也不同。因此，大学的创业教育模式不能千篇一律，高校必须在坚持创业教育一般模式的同时，结合各自的办学层次与特色，探索具有自身特色的大学生创业教育模式。

（一）研究型大学创业教育模式的构建

研究型大学的办学特色，从社会职能方面来看，是"以创新性的知识传播、生产和应用为中心"的大学；从组织目标方面来看，是"以产出高水平的科研成果和培养高层次精英人才为目标"的大学；从办学水平方面来看，是"在社会发展、经济建设、科教进步、文化繁荣、国家安全中发挥重要作用"的大学。

研究型大学创业教育模式的构建应具有以下特色：第一，在培养目标上，侧重培养高层次的创业型人才。我国研究型大学有国内一流的师资、一流的生源、一流的实验室。研究型大学在国内不仅科研是一流的，教学也是一流的。这诸多一流必然要求研究型大学创业教育也是一流的，即要培养国内科技界、管理界等领域一流的创业型人才，引领国内经济、文化发展。第二，在课程设置上，在研究生和本科课程中设置创业内容，有助于大学生创业教育的规范化。在这个方面，许多高校已经做了有益的尝试，并取得了较好的效果。总体来说，要以学科渗透原则、第一课堂与第二课堂相结合原则、理论联系实践重在实践原则为基准，拓宽专业教育，淡化专业方向。加强基础，实施整体优化，在基础教学中，尤其要加强学生利用基本原理分析和解决实际问题的能力。在培养实践能力方面，要避免实践能力就是简单的操作技能的误区，重点应该是建立在思考基础上的动手能力、应用能力。第三，在培养方式上，在坚持教学与科研相统一原则的前提下，坚持以学生为本和个性化的培养思路，充分尊重学生的个性、兴趣、爱好、能力、特长的差异，设计一种多样化、模块化的教学内容与课程体系和弹性化、柔性化的教学运作机制，因材施教。同时，结合研究型大学承担科研项目多、科研成果层次和转化比例高的特点，为学生的创业素质培养提供良好的条件，特别是国家重大科技项目，是培养学生创新能力、团队协作和爱国奉献精神的重要载体。

（二）教学型大学创业教育模式的构建

教学型大学作为我国高等教育的主力军，其特点量大面广、层次多、类型多，是培养应用型创业人才的主要力量。它和研究型与服务型大学相比具有鲜明的办学特色，这主要表现在：一是在办学层次上，以本科教育为主体；二是在人才培养方面，以培养应用型和复合型人才为主；三是在服务社会方面，以服务地方经济为主。

教学型大学创业教育模式的构建应具有以下特色：第一，在培养目标上，教学型大学要结合自身的学科优势与办学特色，结合区域经济发展的要求，培养大批促进区域经济社会发展的创业型人才，防止盲目攀比现象的发生。教学型大学是培养中等创业型人才的主力军；第二，在课程设置上，调整课程设置，淡化专业设置，增加创业教育的相关课程，拓宽学生知识面，注重通识教育，培养复合型、实用型创业人才；第三，在培养模式上，要通过课堂教学、实践教学和科学研究的有机结合，强化大学生社会实践活动，提升大学生了解社会、适应社会的能力，提高大学生创新、创业的可能性。

（三）服务型大学创业教育模式的构建

服务型大学是目前我国高校数量最多、招生人数最多的高校，在中国高等教育中占有重要地位。

服务型大学创业教育模式的构建应具有以下特色：第一，在培养目标上，服务型大学应该以创业为主线，以学生创业精神和创业能力的培养为重点，以学生德、智、体、美、劳等方面的全面素质培养为基础，以学生主体性和个性潜能的发挥为根本，通过全过程、多方位和多种形式的学习、实践和指导，使学生成为社会所需要的人才。第二，在课程设置上，要从未来社会每个人应得到的学术性、职业性和证明个人事业心与开拓技能的三本"教育护照"为基本结构，把课程划分为公共课程、专业基础课程、专业课程和创业教育特色课程四大板块，形成适应创业人才培养要求的新课程体系。特别是课程要紧紧围绕所学专业的成熟技术，形成由点到面的放射。第三，在培养方式上，一是依托专业实践基地，加强创业实践训练；二是通过对学生单向技术的传授与训练，使学生成为掌握一技之长的创业型人才。

（四）工科大学生创业教育的模式

创业已经成为世界各国、各地区经济发展和科技进步的重要推动力量。中国工科高校如何进一步发挥自身的优势与特色，构建一个全程式的工科大学生创业教育的发展模式，是一个重大课题。

在借鉴他人研究成果基础上，深入分析工科大学创业教育的特点，提出"在全面工程教育背景下的创业教育"和"基于CSSO的工科大学全程创业教育"的新模式，构建创业精神的培养、创业知识的传授、创业技能的训练、创业实践的辅导一条龙的创业教育机制，充分整合校内外各种资源，在组织建设、课程建设、理论研究、教育模式改革、实践基地建设、学术团队与师资队伍建设等领域加大创业教育力度，保障创业教育目标的全面实现。

1. 对症下药

全面深入分析工科大学创业教育的现状，摸清工科大学创业教育基本情况，对症下药，提高工科大学创业教育质量。随着知识经济的发展和世界竞争的加剧，具有较高学历的创业者已成为当今创业的主力军。随着各国就业问题的日益突出和创业热潮的涌现，越来越多的高校大学生开始走上创业之路。

大学生就业问题不仅直接涉及学生的切身利益，牵动着千万家长的心，而且是全社会共同关心的问题，它关系到社会稳定和高等教育的健康发展。由于创业活动具有就业倍增效应，一名大学生成功创业不但能解决自身就业问题，而且可为社会提供更多的就业岗位，所以支持大学生创业教育逐渐成为各级政府部门的共识。

我们必须看到，工科高校与其他高校在创业教育模式上是有一定差异的。综合性大学和文科大学主要关注学生创业精神和创业素养的培养，着重考虑完善大学生的知识结构和综合素质，强调夯实学生的基础知识和开阔视野。工科大学因执着于工程教育，所以重点关注大学生创业技能的培养，特别是利用工科学生的技术特长进行科技创业。随着创业教育的发展，很多高校认识到，只注重基础知识培养的创业教育和依靠技术驱动的创业教育都是不完善的教育模式。完整的教育模式应当是创业素养和技术特长并重，既注重课堂学习，又注重实践，鼓励学生亲自实践的教育，这也体现了全面工程教育的精髓。

2. 明晰大学创业教育的任务

近年来，中国大学生特别是工科大学生的创业热情逐步高涨，涌现大批成功的创业企业。本书从全面工程教育的视角出发，对中国工科大学创业教育模式进行探讨，提出工科大学全程创业教育的四个培养目标和保障措施。

（1）培养掌握现代科学技术的大学生创业者，依托现代科学技术创办高科技企业，有助于科研产业化，提升创业水平和层次，实现科技为经济发展提供服务。

（2）培养具有创业精神的大学生创业者，使受教育者在未来工作中具备开拓精神，追求卓越，能够在组织内不断开拓新事业。传统高等教育在培养目标上存在着"知识性、专业性"的片面性，忽视人才素质的全面发展，过分强调人才对现实社会环境的被动适应，而忽略学生个性的发展和创造性的培养，很少考虑学生充分发挥自己的主观能动性和创造性，不重视教育学生认清对社会环境主动适应和能动改造的重要意义。部分学生情愿待在家里等好运气，也不愿接受企业一线的操作岗位，这正是缺乏创业教育的体现。

因此，就业难等社会问题和大学生缺乏创业精神有关。在就业竞争十分激烈的形势下，创业教育要使学生做好就业意识、技能和心理方面的充分准备，增强离校后的社会适应性，具备自我发展的信心和能力，具有服务社会的职业理想和创业意识。

（3）培养能胜任创业企业管理职位的复合型人才。并非所有的大学生都适合创业，想创业和实施创业之间是有差距的。工科高校的创业教育不仅要培养具备开创新企业的能力的创业者，而且要培养胜任企业管理职位的复合型人才，使大学生具备将来从事职业所需的知识、技能和特质。当前高校的企业管理教育关注点在非创业企业管理上，更多关注成长型或成熟企业。然而，创业企业管理与现有教科书的理论和案例存在很大差异。如何兼顾企业创业问题和创业企业管理，同时处理好现有企业管理教育的问题，就成为创业教育需要解决的问题。

（4）培养了解创业企业特点、能为创业企业提供服务的人才。工科大学生具备对创业企业"硬"技术的深入了解，但是缺乏"软"技术的支撑。这就为创业教育提出了新的要求，即培养了解创业企业特点、懂得创业企业运作流程和问题、能为创业企业提供服务的管理人才。

3. 构建CSSO的工科大学创业教育思想体系

CSSO就是由"构思（Conceive）—策划（Scheme）—模拟（Smiulate）—运作（Operate）"四个环节构成的全程创业教育新模式，其主要思想就是大力加强本科教学中创新创业理念的渗透，规范创业教育课程的教学与管理，积极建设创业教育第二专业和辅修模块，完善大学生创业教育的课程教学体系。

"构思"是指在创业教育课程的内容安排上，采用模块化结构，按照创业概论、创业者的个人素质、创业计划、创业融资、企业申办程序、创业管理和创业风险的教学体系，对企业、创业等职场元素进行分解和介绍，在教学方式上更加强调互动性和启发式、参与式教学。积极支持学生进行工厂调研实践，鼓励学生寻找和发现市场需求。完善创业培训班的组织机制，鼓励学生开展创业头脑风暴活动，组织创意文化和创意产业论坛，激发学生创意。

"策划"是指组织学生跨学科组成创业策划团队，依托学校化工学科科技成果，提供易于成果转化的新型化工产品和化工技术服务，通过市场调研、战略规划、财务分析等分析研究工作，独立撰写商业策划书。同时，组建由校内外创业教育专家、学者和风险投资家组成的智囊团，全程指导创业团队的创业策划。每年组织校内创业计划竞赛，选拔优秀作品参加上海市和全国大学生创业计划竞赛。

"模拟"是指通过角色扮演、头脑风暴、商业模拟游戏、创业人物访谈、团体游戏、小组项目、纸笔练习、案例讨论等多种形式，使学生在开放、愉快的学习环境中，了解从产生商业想法、写出商业计划书、组建一个企业到企业发展、运作的基本过程。通过开展沙盘模拟经营大赛，让学生模拟一个企业若干年的经营、运行，切身体会企业运营的过程，对所学的复杂抽象的经营管理理论和创业知识有更为直观的理解与体会，加强理论与实践的结合。创造条件，组织学生到新型化工企业开展企业考察、市场调研等工作，提高模拟阶段的实际成效。

"运作"是指充分整合各种社会资源，完善学校鼓励大学生创业的支持措施，鼓励和支持学生以团队为单位，在教师指导下到科技园从事创新和创业活动，营造拥有专业特色的公共服务环境，提供旨在让产学研一体化发展更有成效的一系列服务。

4．大学生创业教育的保障机制和保障措施

（1）根据全程创业教育思想体系的要求，充分调动各方面的积极性，整合校内外资源，为创业教育提供强有力的组织保障。学校可成立由教学副校长和党委副书记担任组长的"创业教育示范区领导小组"，领导小组成员来自教学管理、科研、产业、高教研究、教学、国际合作与交流等多个部门。同时，设立"创业教育研究中心"来全面负责实验区建设的具体工作。

（2）建立各职能部门的联动机制，在创业教育方面，由校决策会议达成共识，形成相应的制度和规范，保证创业教育的联动机制顺利进行。

（3）建立各部门的协调机构，将传统上由学院管理的创业教育资源，划归协调机构统一调配，协调机构统一进行创业教育的规划、分析、实施和评估。

（4）在学校各部门、各学院的教师和员工中进行宣传和强调创业教育的重要性和必要性，有针对性地提高全校对创业教育的认识，以支持创业教育的施行，进而保证创业教育顺利开展。

（5）完善创业教育的课程体系建设。在本科生中将《创业精神导论》全覆盖，可根据教学目的和对象的不同，设立创业精神普及教育系列、创业专门知识选修系列、创业辅导与实践系列、创业专业系列四个系列课程的建设目标。

第一，组织力量修订培养方案，将创业教育课程纳入培养方案，从教学运行机制上保证创业教育工作的顺利开展。第二，全面展开普及创业教育系列课程工作，根据培养方案要求，开设面向全体大一学生的必修课程《创业精神导论》。第三，开发创业专门知识选修系列课程。第四，推动创业专业系列课程建设，整合校内外资源开设"创业管理"第二专业。第五，进一步拓展创业辅导与实践系列活动。

（6）专兼结合加强师资队伍建设。在CSSO框架下，来自思政教师、经济管理教师、其他学科教师和社会兼职教师四个方面的师资队伍在"构思（Conceive）—策划（Scheme）—模拟（Simulate）—运作（Operate）"这四个阶段扮演着不同的角色，他们以"矩阵式"的方式参与创业教育的全过程。构思阶段主要由前三者参与。在这一阶段，思政教师开展模块化的教学并负责学生心理层面的辅导，帮助学生正确认识自己的性格特点、特长爱好，以此为基础构思创业方向；经济管理教师则从专业的角度教会学生发现市场机会、寻求创业渠道；其他学科的教师则在课程教育中渗透创业思想，并在技术、学科方面的问题上给予指导。在策划阶段，思政教师和经济管理教师指导大学生跨学科组成创业策划团队，开展市场调研、战略规划、财务分析，独立撰写商业策划书。在模拟阶段，除了思政教师和经济管理教师之外，还有来自政府部门、企业等的社会兼职教师的参与，学生通过沙盘模拟等途径，模拟创业的整个过程，以此完善自己的创业计划。运作阶段需要所有师资力量的参与，这些教师指导学生在真实的市场环境下进行创业尝试。

（7）虚实结合开展创业模拟实践活动。模拟与运行是CSSO全程创业教育体系的两个重要环节，高等院校要充分利用各种资源，拓展一系列实践活动，保证这两个重要环节的落实。

（8）大学生创业计划大赛。实践表明，创业计划大赛在营造创业氛围、传播创业知识、激发创业热情方面，是一项卓有成效的活动。

三、构建大学生创业教育的特色模式

（一）创业教育模式中特色的重要性

高等学校的大学生创业教育必须有自身的特色，包括特色教材、课程设置、教学方法、培养目标、管理模式、管理风格、教育教学组织运作形式、校园文化等。只有构建富有自身特色的大学生创业教育模式，才能以特色求生存、以特色求发展。为适应国家实施科教兴国战略和人才强国战略的需要，落实中央"以创业带动就业"的决策部署和教育规划纲要，当前我国大学应深入贯彻落实科学发展观，围绕培养拔尖创新人才的目标，把创业教育纳入人才培养方案，形成"专业教育＋创业教育"的创业教育人才培养模式，探索构建全方位、立体化的创业教育模式，大力推进创业教育，切实做好大学生创业指导和服务，具体可从如下几方面着手。

第一，更新观念，升华认识，建立明确清晰的创业教育目标体系。一是认识创业教育内涵，建设创业教育文化。明确以人为本、追求质量、崇尚创新、强化能力的创业教育理念，在内容上坚持与专业教育、实践教育、学生理想信念教育、校园文化活动、学生管理、就业指导和服务相结合，推进创业教育的全方位、立体化，探索具有示范作用的创业教育模式，建设鼓励探索、鼓励创新、允许失败、宽容失败的创业教育文化。学校师生都应有"创业是当代大学生应负起的时代责任，创业教育是素质教育的重要环节"的意识。二是强化学生创业意识，培养创业精神。开展主题教育活动，弘扬创业精神。例如，在"创业从点滴做起"的主题实践活动中，组织学生深入企事业单位开展实践调研。三是修炼学生创业内功，提高创业能力。把创业教育融入专业教育，通过专业教育培养学生基本的创业技能；大力推进创业教育，指导扶持一批学生创新创业团队；通过创办公司、组建创业工作室等实践训练，加强学生将知识转化为财富的能力。四是培育学生创业典型，发挥其带动作用。

第二，扎实推进、锐意进取，探索富有成效的创业教育实施体系。一是规范创业培训，建设创业教育教学系统。根据人才培养目标，对课程体系进行整合优化，开设创业教育通识类、技能类、实训类课程。例如，开设 SYB 培训课、成立 SIYB 培训项目管理部，建设学员信息数据库和创业项目信息数据库；引进欧洲模拟公司创业实训技术，开办创业实训实验班，指导学生成立模拟公司。二是依托基地建设，建设创业教育实践系统。设立创业实践学分，依托校内实验室、工作室、学科性公司及校外高新技术企业，与政府机构、社会企事业单位合作，建立创业依托基地、实践基地、模拟基地。三是搭建创业服务平台，建设创业教育服务系统。创建大学生创业综合性服务网站；成立大学生创新创业素质培养学校；建立大学生创业就业服务体系；建立大学生创业园，开展项目孵化等服务；启动学生创新创业项目，等等。

第三，优化机制，整合资源，构建有力的创业教育保障体系。一是党政高度重视，形成制度保障。学校成立大学生创业教育领导小组；将创业教育纳入学校培养方案，建立评估和激励机制。二是成立组织机构，强化组织保障。学校成立学生创新创业指导中心，二级学院培养创业教育专干，班级培养创业教育委员，建立创业教育校、院、班三级组织；学校建立"大学生创业教育指导教师专家库"，组建创业课程教师、创业团队指导教师和创业导师队伍，满足创业教育多层次、多样化需要。三是增加经费投入，提供财力保障。把创业教育的经费列入学校预算，并不断增加对创业教育的投入。四是加强场地建设，完善物质保障。设立集创业培训、创业实践、网络服务和成果展示功能为一体的"大学生创新创业教育实践基地"。

（二）积极构建中国特色大学生创业教育模式

1. 创新我国大学生创业教育理念

教育理念是人们对教育及其实施过程的基本主张，通常表现为人们对有关教育的信念、价值及活动准则的认识。所谓大学生创业教育理念，就是高校在培养创业型人才中对创业教育信念、价值及活动准则的认识。在构建大学生创业教育模式时高校必须树立以下五种理念：一是创业教育既要针对大学生中的精英分子，又要考虑所有在校大学生；二是创业教育是为社会培养创业型人才，以减轻大学生的就业压力，也是使大学生成为社会经济发展、科技创新的推动力；三是创业教育不仅仅是大学自身的任务，还是全社会共同关注的问题，是一个复杂的系统工程；四是创业教育不是对现有的就业教育、择业教育的简单否定，而是对现行就业模式的深化与提升，是对就业教育与择业教育的辩证的否定；五是在构建创业教育模式时，必须坚持理论与实践相统一、共性与个性相统一，使大学生创业教育模式既符合高等教育的一般规律，又能体现各高校的自身特色，既具有科学性，又具有可操作性。

2. 构建大学生创业教育特色模式

自1947年哈佛商学院率先开设新创企业管理课程以来，美国的大学生创业教育获得了长足发展，美国著名高校集中了创业教育模式的主要类型，包括以培养创业意识为主的百森商学院模式、以培养实际管理经验为主的哈佛大学模式、以培养系统的创业知识为主的斯坦福大学模式等。美国创业教育是创业实践蓬勃兴起的结果，同时创业教育研究也促进了其创业教育实践的发展。

当前，在学习和借鉴西方大学生创业教育经验和模式基础上，我国大学生创业教育有了系统和长足的发展，各种模式在实践中不断完善，特色较为鲜明。目前我国大学生创业教育存在三种模式：一是强调创业教育"重在培养创业意识，构建知识结构，完善综合素质"，将第一课堂与第二课堂结合起来开展创业教育。二是以提高学生创业技能为侧重点，其特点是学校实行商业化运作，建立"大学生创业园"，教学生如何创业，并提供资金资助以及咨询服务。三是实施综合式的创业教育。一方面注重学生基本创新创业素质的培养，另一方面为学生提供创业所需资金和技术咨询。三种创业教育模式中，第一种模式重创业意识的培养，轻创业实践活动；第二种模式重实践技能的培养，轻创业意识灌输；第三种模式是我国今后大学生创业教育的发展趋势。许多高校已经在课程设置中将创业理论列入必修课，有的院校在推广SYB课程，这使越来越多的学生接受到创业意识和创业理论知识的教育。但必须承认，我国大学创业教育中创业实践环节相当薄弱，可供大学生创业实践的创业孵化基地或创业科技园的数量远远不能满足广大学生的需求。为推进大学生创业教育向深层次发展，必须把创业实践环节作为创业教育的重中之重，为学生提供充分的创业实践条件。

3. 从具体操作层面构建适合国情的大学生创业教育模式

创业本身是一个鲜活的过程，因此，创业教育的教学模式不能呆板僵化。创业教育过程主要由理论教学、案例教学和实践基地教学等基本教学环节构成。

（1）理论教学。创业理论教学的实质是学习创业。学习不仅是创业的第一阶段，而且贯穿创业实践的始终。通过学习创业理论，学生可以了解创业的基本知识，了解创业的准备过程和程序，掌握创业的基本规律。在创业教育中，教师要注重指导学生有效地进行有关创业的体验，使学生获得创业的感性认识，从而激发学生的创业意识。学校可以通过邀请创业企业家、创业成功的校友参加创业讲座并介绍创业、立业、敬业的事迹，来增强学生的创业意识，鼓励学生将自己的专业技能和兴趣特长相结合，把创业作为自己未来的选择，实现人生价值。

（2）案例教学。案例教学可以增强创业教育的趣味性和针对性。教师进行案例教学时，不仅要讲成功的案例，而且要讲失败的案例，目的是让学生从经验中学习，将经验和教训升华到理性认识。案例教学更有利于提高学生的学习兴趣，有助于使学生初步了解创业的机制，感受创业的环境，增强对创业的分析能力。

（3）实践基地教学。实践基地教学是新时代大学生创业教育的新模式。创业是实践性很强的活动，学生除了要学习理论，还必须通过创业的实践活动强化创业意识、培养创业精神、强化创业理论、提高创业技能。创业教育实践基地的建设是创业教育的重要组成部分。创业教育的实践基地可分为两类：一是参观实习基地，学校可以联系各类公司，供学生参观实习，目的是让学生感受创业，强化创业意识；二是模拟创业基地。模拟创业实践基地可为学生提供实战场所。高校在实施创业教育的过程中，要采用校企联合的模式。高校可在企业创立学生创业实践基地、学校本身也可以利用自身的优势创办一些实体企业基地，为学生提供创业实战演习场所；高校也可以根据学校专业设置情况，制订创业培养计划，鼓励广大同学在不影响学习的情况下利用周末及业余时间创立一些投资少、见效快、风险小的实体企业，让学生从中体会创业的乐趣与艰辛。

4. 构建"三位一体"大学生创业教育模式

大学生就业是重大的民生问题。开展大学生自主创业教育，提升大学生自主创业能力，是大学生素质教育的重要组成部分，也是培养具有创新精神和创造能力的创新型人才的重要途径。

大学生创业教育既包括理论知识的传授，也包括实践技能的培养。当前，我国大学生创业教育主要存在三方面的问题。一是认识片面，缺乏对创业教育的深刻理解。与国外中小企业的兴起和发展促进了创业教育的繁荣不同，我国创业教育的原动力之一是解决就业问题。这样的目标设定使创业教育被简单地理解为如何引导学生创办企业，如何通过创业教育减轻就业压力。事实上，创业教育不仅仅是一种就业教育，更是高等教育创新人才培养模式的一个切入点。二是模式封闭，内容陈旧，方法途径单一。在教学模式上，大多数大学生创业教育局限于校内和课堂，搞统一的教学计划，忽视学生的个性特点，显得较为陈旧、封闭；在教学内容上，以专业为中心，以行业为目标，专业面偏窄，知识结构单一；在教学方法上，创业教育偏重理论性、知识性的传授，较少开展实践活动。三是师资力量不足，缺乏专业的创业教育师资队伍。专业化、正规化的创业教育师资队伍还未形成，有的教师在进行案例分析、操作练习时不免纸上谈兵，既有先进教育理念又有丰富实践经验的"学者型企业家"或"企业家型学者"非常缺乏。

针对大学生创业教育存在的问题，高校应努力构建"创业教育+模拟实训+创业实践"的"三位一体"创业教育模式。这种教育模式强调以创业教育为基础，以创业运筹、创业营销战略等为主要内容，通过创业理论课程教学，使学生积累创业所需的知识；以模拟实训为实践教学的主要手段，帮助学生了解创业过程；让学生在学校创业园开办企业，或在创业园实习，使学生的创业能力真正得到提升。构建"三位一体"创业教育模式，需要抓好以下几个方面工作。

（1）大力营造创业文化氛围。创业文化是指敢于开创事业的思想意识以及相应的价值观念和鼓励创业的社会心理的总和。高校实施创业教育，应重视创业文化的培养，营造浓厚的创业文化氛围。

（2）深入开展创业教育理论研究，建设创业教育师资队伍。深入开展创业教育理论研究，并注重对创业教育实践进行总结，形成一套较为成熟的理论体系来指导创业实践；重视师资队伍建设，鼓励支持教师通过创业体验或通过定期参加创业组织、创业协会的活动以及同企业家交流创业经验、获取创业教育的鲜活材料和信息，培养既有理论基础又有实践经验的创业教育师资队伍。

（3）加强实践环节，建立校企联合模式。高校开展创业教育，应该建立校企联合模式。高校可以通过产、学、研结合的方式，建立学生创业实践基地，强化实践教学环节；高校也可以通过向校办产业、研究所、科技开发公司等筹集资金，建立创业基金会、创业协会等组织机构，为学生提供创业实践场所。

另外，高校还要提供坚实的创业实践组织保障。高校领导和教务处、学生管理处等相关部门组成创业组织指导机构,负责对大学生创业活动的组织管理;高校可建立创业活动固定场所,如一定规模的大学生创业孵化中心或创业园;高校还可出台鼓励政策,如建立大学生科技创业基金,为创业团队提供创业资助并减免租金、水电费、通信费等费用,扶助大学生创业团队投入创业实践。

四、高校创业人才培养模式的改革

(一)建立创业教育课程体系

1. 修订教学计划,开设创业教育的相关课程

按现代课程理论,课程划分为学科课程、活动课程和环境课程三个层次。创业教育课程也应该包含这三个层次,一般可从专业课程、活动课程和环境课程三种基本形态出发,开设创业技术选修课、模拟创业过程的活动课、展示创业业绩的环境课,形成创业理论课、文化基础课、专业理论课、技能实践课等多位一体的创业课程新格局。

加强创业教育课程建设,首先要注重对创业经营管理知识、法规的传授,培养学生的管理能力。设立创业教育选修课,列入教学计划,增设与创业教育密切相关的核心课程为全校性选修课,如创业与风险投资管理、中小企业管理、战略管理、市场营销等课程。

加强创业教育教学计划内的实践活动,创业教育的课程设计要更注重实践课的比例,应该占到70%以上,目的就是使学生成为真正的实践主体、创造主体;学生创业能力、创业意识的养成和提高,关键要亲自到创业实践中体会,完成从一个学生到创业人的角色转变。

2. 根据创业教育的目标和内容来确定创业教育课程内容

根据创业教育的目标和内容来确定课程内容,课程内容采用模块化结构,主要由基本理论、案例分析和模拟练习等模块组成。同时,也要注意创业课程与专业课程融合。另外,在创业教育课程内容设置方面,要突出针对性,紧密围绕培养学生的创业精神、创业知识、创新能力、创业技能来开设课程。创业课程框架应以创新、风险、管理这三大基本主题为核心,课程设置的目的是解决与三大基本主题相关的问题,创新能力教育、风险应对能力教育、管理能力教育是创业课程框架必不可少的三个核心模块,通过传授框架之内的课程知识来培养学生必需的创业综合能力。还要启动新教材和案例库建设,解决目前创业教育教材、案例严重缺乏的问题,为创业教育教学提供教材和案例保障。

创业教育的课程内容基本应围绕培养学生以下素质和能力确定。

(1)培养创业意识,激发创业动力。首先要对学生进行创业目的性教育,旨在让学

生认识到创业目的及社会意义，从而形成远景的创业动机。其次，要培养学生的创业兴趣，创业兴趣是指学生力求认识创业活动并参与创业实践的积极情绪倾向。大学生精力充沛、朝气蓬勃、理想远大、知识丰富、敢想敢干、敢作敢为，对未来充满憧憬与向往，对创业充满好奇与希望。以此为基础，让学生面临实际任务，投入力所能及的活动，尝试创业实践，用所学的知识解决实际问题，从中体验自我价值，以增强自信心、提高成熟度。最后，适当开展创业计划竞赛活动。竞赛活动可以激发参与者的创业激情，调动参与者的积极性，使人全身心地投入。创业计划竞赛活动的内容是广泛的，从产品设计到广告设计，从市场调查到市场营销，从虚拟公司的创办到"管理者""企业家"角色的模拟等，让参与者"如临其境""置身其中"，产生互动，体验创业过程，令旁观者深受感染，产生跃跃欲试的冲动与激情。值得注意的是，创业计划竞赛活动一定要有实际意义，切忌流于形式。

（2）培养开创型个性，使学生的个性充分、自由地发展。人是按照自己的意志和目的来认识世界、改造世界的。人在自然物中实现自己的目的，这个目的是他所知道的，是作为规律决定着他的活动方式和方法的，他必须使他的意志服从这个目的。

（3）培养非智力因素和元认知能力。心理学有关研究表明，一个人成功与否的关键不仅取决于天资如何，还取决于个性和情感因素。"天资"是指智力因素，是基础；"个性和情感因素"是指非智力因素，是关键。人们头脑中储存着知识技能是一回事，当这些知识技能在需要时能否加以利用却是另外一回事。专家和新手的差别在于前者不仅具备较多的专业知识，而且善于组织和运用所知道的知识，这就是元认知能力的差异。

（4）培养创新思维和创新习惯。现在的时代是一个变化迅速的时代，变化使人产生生存危机，要求人们随时应变、迎接挑战。市场的瞬息万变和职业岗位的不断转换，要求人们更具有独立性、自主性、适应性和创新性，具有多方的能力和本领。但是，受传统教育模式的影响，不少学生思维惰性严重，习惯于接受现成的问题，不善于提出问题、发现问题，习惯于接受指令性的任务，不善于开拓创新。培养创新思维，就是要在教育过程中，针对学生容易接受现成结论的特点，有的放矢地强化学生创新思维的培养与训练，鼓励学生"异想天开""别出心裁"和"自以为是"，反对"克隆"和"拷贝"，提倡独树一帜、另辟蹊径。

3. 创业课程要与其他课程融合

强调创业教育思想的渗透性，各学科有效互补，建立起系统的教育学科体系。一方面，通过开设专门的学科课程，如"创造学""科技发明学"等课程，但更多的是结合专业课教学，通过渗透、结合、强化的方式，加强大学生创业意识的培养。创业教育要渗透到各个学科教学之中，在学科教育中渗透创业教育，高校应该要求所有教学科目都应体现创业教育思想，所有科目的教师要求能够教授与创业相关的内容。

在不同学科的学习中都要注重培养学生的创造能力，开拓学生视野，提高创造性思维，重视学生的想象力和挑战精神。比如，英语教师要能够讲授企业语言或其他国家企业创业的情况；历史教师要能够将著名企业家过去和现在的情况介绍给学生，并引导学生阅读杰出企业家的事迹，了解他们经历多次失败后获得成功的历程。至于商业、市场、经济、管理类相关学科更是将创业必备知识渗透到每门课程中，包括商业成本、边际利润、资金计划、收入记录、价格构成、税收、市场分析预测和软件设计等有关内容，培育学生良好的创业意识和创业素质。

同时，创业教育要与专业、学科优势相结合。可以以"挑战杯""创业大赛"等全国大学生课外科技竞赛为契机，把创业活动和专业、学科优势紧密结合起来，整合校内各部门的学生创业培养体系，创造良好的创业教育学习环境。

（二）重视引进和培养创业教育师资

高水平创业型师资队伍是大学生创业教育的关键，加快高水平创业教育师资队伍建设，是推进创新与创业教育的基本保证。教师作为推进创新与创业教育的骨干力量，在课程教材的开发、教学方法的运用、目标的实现及检测等各方面都起着关键的作用。因此，提高创业教育课程师资水平、构建创业教育师资队伍体系是当前高校开展创业教育亟待解决的问题。

1. 建设一支师资结构合理的创业教育教师队伍

创业教育离不开高素质的师资队伍，创业教育首先对教师提出了新的要求，要求教师具备一定的创业经验、创业知识和创业技能。

（1）组建进行创业与创业教育研究的教师队伍。学校要有专职进行创业与创业教育研究的教师队伍，加强对创业与创业教育理论研究；研究高校创业教育现状、存在的问题及对策；探求高等学校创业教育发展规律及趋势；为高等学校创业教育教学改革、学科发展和更好地实施创业教育提供具有科学性、前瞻性和开创性的理论根据。研究求职者就业规律和自主创业规律，研究就业形势和就业创业政策，研究就业创业方法、技巧；研究创业者素质结构及整理成功创业者的案例，尽快形成创业教育科学理论体系，编纂出科学、实用的创业教育教材。

（2）组建承担创业教育课程教学的教师队伍。高等学校创业教育的推进，离不开课程教学。这就需要建立一支创业教育教学的教师队伍，它应由经济管理类专家、工程技术类专家、政府经济部门专家、成功企业家、孵化器的管理专家和风险投资家等人员构成。

（3）组建指导学生创业实践的教师队伍。创业实践是推进创业教育的重要载体。建立创业实践指导教师队伍就是让"创业导师"为学生创业提供技能和经验方面的支持，指导学生的创业实践。

2. 加强师资培训，提高教师素质

加强创业教育师资培训、大力提升教师的创业教育素质是推进创业教育向深层次发展的核心所在。要注重培养教师的创新意识、实践能力，组织他们深入研究激发学生创业意识、创业能力的方法及途径，使师资队伍从目前的知识型、传授型向智能型、创新型、全面型转变。

一方面，鼓励和选派教师从事创业及创业实践体验，鼓励教师走进企业进行实践，或自主创办企业，提高其理论与实践相结合的水平、教学与实务相结合的水平，从而提升教师的创业教育能力。很多美国大学商学院的教授都曾有过创业的经历，并担任过或现在仍然担任一些企业的外部董事，这使得他们对创业领域的实践、发展趋势及创业教育社会需求变化有良好的洞察力。

另一方面，要积极探索丰富多彩的创新创业实践，加强国际国内创新创业领域的学术交流、研讨和科学研究，努力培养和造就一支宏大的、高水平的创业教育师资队伍。与此同时，对教师进行系统的专门化培训，使之学习和掌握有关创业教育的教学知识；定期、不定期地举办案例示范教学或研讨会，推进创业教育经验交流，从而有效地提高教师创业教育水平。

3. 做好师资队伍管理模式的动力机制建设

加强教师职业道德教育，增强创业教育工作的积极性和责任感：一方面，要组织各种教师培训活动，宣传创业教育对于大学生成才的重要意义，培养其从事创业工作的责任意识；另一方面，充分利用广播、网络、院报橱窗、横幅、宣传栏等多种形式，营造就业指导氛围，从而加强全校师生对创业教育的认同，增强教师工作的荣誉感。同时，邀请和组织校领导积极参与创业教育工作，引领和带动教师们的工作热情。

创业教育教师的工作量计算，也要根据创业教育的特点，将专题讲座、指导学生创业实践、参与创业咨询等工作，根据相关规定折算成教学工作量。在绩效评估方面，要明确教学质量管理组织结构，制定主要教学环节质量标准和教学管理制度，完善教学质量反馈信息处理系统和教学质量保障体系分析系统，建立人才培养质量控制模型。

倡导师资对自身综合素质和实践能力观念的转变，把教学水平和创业实践水平二者联系起来，以充分发挥教师在大学生创业能力培养机制中的主导作用和指导作用；应加强师资的创业教育能力的考察，把学术能力与创业教育能力结合起来进行教学评价，在一定程度上杜绝"纯学术学者"的出现，使师资队伍从目前的知识型、传授型向智能型、创新型、全面型转变。

（三）开展形式多样的创业训练

大学生课外科技活动是创业教育的有效途径之一。通过开展"创业计划"竞赛活动，举办"创业沙龙""创业论坛""创业俱乐部"，开设创业教育课讲座和创业知识培训班等形式，举办创业知识研讨会、历届毕业生创业情况展览、社会创业形势分析会以及"对话：与企业家面对面"的大型论坛，搭建培养学生创业能力的社团活动平台。还可以结合专业特点，开展模拟股市竞赛、商务谈判大赛、广告策划大赛、公共活动的设计大赛等活动。常年举办科技和创业计划竞赛，并积极参加全省、全国"挑战杯"竞赛，鼓励学生进行创新思维和创业模拟。这些活动对于大学生培养创业意识，提高创业素质，积累创业知识具有十分重要的意义。

良好创业氛围的形成是创业教育的保障，对师生的影响是整体的、潜移默化的。因此，首先，要在校园里形成一种浓厚的、宽松的学术氛围，以有利于学生良好个性的发展，要营造资源优化配置的氛围，要在精神上和舆论上将创业教育上升到为社会制造财富、为社会分忧的高度，让创业成功者成为新时代大学生心目中的榜样。其次，从教育者的角度出发，学校要对教师的科研和创业辅导工作予以支持，在经费上予以保障，以科研促教学、以创新促创业；要为在校生的创业努力提供多方面的支持，创造条件，设立创业基金，创办创业协会等组织机构，在资金和咨询辅导上提供帮助；要调动学校师生员工积极参与，党政工团齐抓共管，共同营造良好的创业教育环境。

实施创业教育，必须形成一种鼓励和支持大学生创业的教育实践氛围。通过开展创业教育理论学习大讨论等活动，创办学生创业刊物、创业教育网站，交流创业教育经验和体会，设立"创业者日""杰出创业家日"，经常组织学生参加诸如去企业考察创业经历和经营状况的社会实践，重视学生的创业体验，使学生改变传统的就业观念，消除创业的畏惧心理，树立以创业为荣、主动创业的观念，激励他们在创业中努力实现自己的人生价值。学校通过各种鼓励创业的政策营造一种宽容失败、推崇创业、鼓励冒险的宽松自由环境，这将极大地激发师生的创新精神和创业欲望，使创办自己的公司成为高校人的一个奋斗目标。在这种精神激励下，从教授到学生都积极投入创业第一线，将使高等院校出现一大批创业家和层出不穷的创业人才。高校师生将在潜移默化中形成一种崇尚创新、崇尚创业的良好风气，并渗透到校园的每个角落，逐渐提升为一种校园文化。

（四）丰富创业课程考核形式

建立科学有效的创业教育认证制度来检验创业教育效果：一方面，可以对创业教育进行客观评价；另一方面，也可以通过评价信息的反馈情况来改进和优化创业教育。传统的教育评价是通过考试这一手段来实施的，它所评价的对象侧重于学生对知识的记忆，而创业教育的客体是能力和素质，要求在评价时侧重于应用。目前的考试形式显然不能适应创业教育的评价需要。因此，在创业教育过程中，积极推行以学生的创业素质为测评内容的大学生素质认证制度，是培养创业型人才、引导创业教育向健康方向发展的重要举措。大学生创业素质认证制度是以学生运用已有知识解决问题的能力为对象，以所创的"业绩"为指标构成的测评制度。它的测评考核方法既包括书面的考核，又包括对实践操作的检验。书面的考核可以借鉴目前公务员考试中的《行政职业能力考试》，着重考查影响广泛的、稳定的、潜在的能力，而非死记硬背的知识。对实践动手能力的检验，可以通过评定学生创业方案的设计水平、创业计划的实施效果等来进行。然后把书面考核与实践检验综合起来，对创业教育效果进行综合评价。

对学生创业教育的评价分出不同的层次，并以颁发"大学生创业素质证书"的形式加以肯定。对创业教育实行认证制度，将对完善人才的知识和能力结构的评价体系起到日益重要的作用，将成为评价创业教育与教学是否适应经济、社会及市场发展的重要尺度。积极探索创业教育的弹性学习制度，强调弹性、自治、学习者的中心地位，体现学生自主进行学习选择的特点。弹性学习制度允许学生在学期间可以休学、转学、停学；允许提前修满学分，符合毕业条件的学生准予提前毕业；对不能在规定的基本学制年限内按要求修满学分的学生，可以推迟毕业。这样学生在学期间，可以根据自身实际情况，申请创业、就业，实行工学交替，分阶段完成学业。弹性学习制度尤其适合有创业愿望的学生边学边实践，有利于他们探索创业新路。

跟踪调研是完善创业教育管理体制的最有效的方法和途径。大学毕业生进入创业阶段以后，学校的创业教育管理机构仍然要对创业者的"业务"进行指导以及跟踪调查研究。通过创业者的创业实践，检验学校的创业教育，从而及时调整解决创业教育中存在的问题，也可以通过信息的反馈情况改进和优化创业教育。

第三节 大学生创业教育的未来展望

一、大学生创业教育的发展趋势

大学生创业是指大学生通过个人及组织的努力，利用学到的知识、技术所形成的各种能力，以自筹资金、技术入股、寻求合作等方式，自主搭建工作平台创造价值的过程。它是大学生实现就业和理想的重要途径。当前，大学生创业已引起了社会各方面的关注。国家不断推出针对大学生创业的各种优惠政策，鼓励和支持大学生毕业后自主创业；各地政府部门也推出了针对大学生的创业园区、创业教育培训中心等，以此鼓励大学生自主创业。为提高大学生的自主创业能力，高校应根据大学生实现自主创业的实际需求，运用各种手段和途径，积极开展创业教育，全面培养他们的创业意识和创业能力，并努力创造条件使其接受创业实践的锻炼。

（一）对创业教育理论进行更新

1. 创业型职业锚理论

在职业生涯规划领域中，美国著名职业指导专家施恩提出了著名的职业锚理论。经过不断完善，1992年，职业锚被麻省理工学院的学者具体拓展为8种锚位：技术/职能型、管理型、自主/独立型、安全/稳定型、创业型、服务型、挑战型、生活型。简单来说，创业型锚位指的是创业人希望利用自己的能力创建属于自己的公司或创建完全属于自己的产品（或服务），而且愿意冒风险，并设法排除所面临的障碍。对创业型的人来说，最重要的是建立或设计某种完全属于自己的东西，极为强烈的创造欲使他们对自己提出了标新立异、有所创造的要求，并做好冒险的准备。

2. 创业人才培养模式

美国的百森商学院、哈佛大学和斯坦福大学是开展创业教育最早且比较成功的大学，它们的创业人才培养模式各具特色，值得研究。

（1）百森商学院的"强化意识"模式。百森商学院的创业教育主要由创业教育研究中心承担，通过创新性课程计划、外延拓展计划以及学术研究支撑创业教育，倡导创业精神。例如，创业教育研究中心为本科学生设计了创业课程教学大纲，课程由一系列必修课和选修课组成。不少课程极富特色，如"新生管理体验"课程，新生班级被分成若干小组，在教师指导下各组制订创业计划，学校为每个小组提供最多3000美元原始资本用于创办并经营新公司，公司在学年结束时结算，超过原始资本的利润作为大一年级学生开办慈善事业的基金。

（2）哈佛大学的"注重经验"模式。哈佛商学院针对创业管理建立了完整的资料和案例库，为研究者提供良好的学习环境。比如，"开创新企业"这门课着重探讨设立新公司时所需的技能技巧以及新企业发展的知识。学生组成小组，按创意概念展开，完成一个设立新公司所需的完整经营计划，并对计划付诸实施。"小企业的经营与成长"课程则采用小组的个案教学法，个案根据校友们的社会实践经验或工作中的遭遇反馈写成，重点探讨小企业生产与运作管理方面的问题，如怎样应对日常工作中的压力、如何拟定影响竞争优势的关键策略等，从而培养学生在苛刻的资源限制与不确定的环境下追求创业机会的能力，从容应对企业成长的挑战，有效回收创业成果。

（3）斯坦福大学的"系统思考"模式。斯坦福商学院在强调实际管理经验的同时，也强调对经济、金融、市场运转等理论的长期研究。学院共开设17门创业管理课程，提供了许多有关创业财务筹资的课程。他们也非常重视创业战略以及创业环境的研究，尤其注重创业过程中各阶段、各层面的策略与操作议题以及产、学合作，产业网络等环境方面的议题。还非常注重应用导向和学科间的优势互补，创业教育从创业者而非投资者的角度规划创业个案，学生必须学会评估创业机会，并结合个人能力、专业特长以及面对的外部环境，采取具体的创业行动。比如，在课程设计上采取团队教学与两段式教学方式，由商学院及工学院的学生组成团队，进行市场调研与分析，激发创意并设计产品，进而在实验室开发、生产制造其欲推向市场的产品。这种全过程参与有助于学生探讨和处理创业过程中所涉及的全部议题，全面了解如何将一个"点子"转变为一个完整的企业，大大提升了学生成功创业的综合素质。

（二）大学生创业教育的发展前景

1. 鼓励和引导大学生积极转变观念

有些大学生的思想观念远不能适应创业所面对的问题，高校应该通过全方位教育，鼓励和引导大学生积极转变观念，营造浓郁的创业氛围。

在高校营造创业氛围：一是可以通过新闻媒体、校园文化等方式加大创业事迹的宣传力度；二是在校风、教风、学风建设中突出创新、创造，形成"学习为创造、创造中学习"的良性循环，潜移默化地培养和强化大学生的创业意识；三是在学校的制度建设上，多鼓励师生创新、创造、创业；四是宣传成功创业者的创业事迹、创业方法和奋斗经历，为大学生树立学习榜样。

2. 建立创业能力培养服务体系

培养大学生的创业意识和能力是高校的重要教育任务之一，应将创业教育全面渗透到学校的教学工作中，并建立比较完整的大学生创业能力培养服务体系，帮助有志于创业的大学生迈出创业的第一步。

创业能力培养服务体系应以"激发—实践—创业"为主线，全面满足大学生的创业需求。该体系应由创业基础理论、创业实践训练、创业教育导师辅导和创业孵化系统组成。这个体系可以为大学生提供从创业基础理论、普及性科技活动、学术性科技创新项目开发研究、创业计划大赛、创业实践训练到自主创业的完整学习过程，能有效地提高大学生的创业能力。

3. 建设大学生创业孵化基地

（1）为大学生创业孵化基地创造良好的政策环境。一是减免税收；二是在孵企业被认定为高新技术企业后，可优先享受孵化专项资金、科技三项经费支持以及享受孵化基地提供的综合服务和减免房租等有关优惠；三是政府要鼓励各类金融机构改进信贷服务，增加信贷种类，合理确定贷款期限，增加对在孵企业的信贷投入；四是各类担保机构和创业投资机构要优先为在孵企业提供信用担保。

（2）建立合理、高效的运行机制。以公益目的为出发点，服务体系的管理部门应根据工作的需要设置项目部、指导部、服务部、人力资源部、综合部、信息部等职能部门。建立集工商注册登记、企业年检、税务代理、财务会计代理、经济技术合同咨询、申请专利、商标注册、无形资产评估、商务谈判等咨询服务于一体的规范化综合服务系统。

（3）建设科学的管理机制。一是资本管理机制，帮助创业项目解决资金运转问题，使创业项目得以继续，为大学生创业创造良好的物质环境。二是项目管理机制，通过项目管理机制，加快科技成果的转化过程，对创业项目实施全面的价值评估，全面提高创业项目质量。三是文化管理机制，营造合作、内部融合的文化。鼓动竞争对手变成同盟者，甚至合作者，以便在尽可能短的时间内取得最佳成果。这不仅有利于整合资源，而且能为大学生提供有效帮助，提高孵化基地的智能化服务水平。

二、创新创业教育发展的必要性

（一）创新创业文化是社会发展的重要引擎

美国是当今世界上最大的单一经济体，近几年的研究数据表明，单就GDP而言，中美似乎已处于同一数量级。但是，我们应清楚地认识到，我国的人口基数约为美国的4

倍。决定人们生活质量水平高低的是人均经济产值，美国人均国内生产总值是5万美元，而我国刚刚超过5000美元，而且这是经过价格差异调整后的数据。这样来看，美国遥遥领先于我国，我国还需在相当长的时间内保持经济高速增长才有可能赶上美国。

美国从19世纪90年代起就成为世界最强大经济体，并且经久不衰，许多学者将此归因于美国深厚的创新创业文化。美国商务部知识产权官员戴维·卡普斯曾表示，创新是国家经济发展的基石，第二次世界大战以来美国的经济增长有75%来自产业创新和技术革新。据福布斯近期发布的一项由国际研究团队开展的名为"全球创业观察"的研究表明，美国在2014年，参与创业或者经营企业的人数占到美国总人口的14%，其中，在25~34岁的人群当中选择创业或者经营新企业的比例达到18%，这两项数据在欧美发达经济体中遥遥领先。

（二）高校教育是引领创新创业发展的重要力量

教育本质上是一种文化活动，高等教育是国家和民族文化传承的重要载体，不仅深受文化传统的影响，而且与社会政治、经济等诸方面有着密切的文化互动。与政治、经济等相比，文化与高等教育具有更深层次的本质联系。如果说教育最基本的社会任务是文化传承，那么高等教育对社会文化的传承具有更重要的意义。

文化的生命在于它不断创新，只有时时更新的文化才能源远流长，历久弥新。如果说普通教育的主要功能是文化传递、传播，那么高等教育在文化的选择与传递过程中不断地批判旧的文化，推动整个社会文化的演进。批判与创造文化是高等教育的特殊功能之一。

创新创业文化是我国经济社会发展到一定程度时，在社会文化层面上自觉与必然的选择。高等教育在引领社会创新创业文化方面，具有独特优势。大学是知识人才的聚集地，是前沿科学、尖端技术、先进文化的发源地，在引领社会文化发展中有人才和知识上的有利条件。人才培养是大学的核心使命，大学生是支撑未来社会进步发展的高素质主力军，大学生也是精力最充沛、思想最活跃、最富创新精神的青年群体，他们是大学引领社会创新创业文化的重要载体和不竭动力。

（三）创新创业是大学自身改革与发展的内在要求

21世纪，我国高等教育进入了大众化发展阶段。1998年，我国普通高校招生规模为108万人，高等教育毛入学率为8%。我国高等教育规模的稳定增长带来两个重要命题，一个是持续提升教育质量的问题，另一个是保证大学毕业生高效就业的问题。当今的高等教育，单纯强调培养掌握高级知识的专业人才已经变得不合时宜，更需要强调知识与能力的有机结合，品行与素质的协同提升，人才培养基本标准与鼓励个性化发展的相互协调。

相对社会经济发展，我国高等教育一直以来采取的是适度超前发展的政策。2016年，我国大学毕业生达到765万多人，毕业人数再创历史新高。如此庞大的大学毕业生规模，是我国最大的人才红利；另外，因为我国社会经济正处在转型时期，能够提供的就业岗位相对不足，使大学毕业生整体就业形势异常严峻。

以创新引领创业，以创业带动就业，将是解决当下大学生就业难题的重要途径。鼓励大学生创新创业，积极调动蕴藏在青年大学生群体中的无限潜力，造就一大批新兴初创公司，既是大学生自我设计、自我实现的有效途径，又是高等教育自身完善发展的内在要求，更是我国未来经济持续健康发展的希望。

（四）多角度多途径培育创新创业文化

高等教育培植创新创业文化的基本途径无外乎组织有效的教育教学。创新创业教育也有其特殊性，传统高校教育侧重于知识的发现与传播，创新创业教育却是实践性非常强的教育活动，侧重于知识的综合应用和对人们生产生活需求的敏锐把握，对人的综合素质与能力要求更高，其有效实施面临的挑战性更大。

一是重视创新创业平台建设。目前，很多国内大学都进行了积极尝试，建设了类似于初创公司孵化器的大学生创新创业中心，或者大学生创业园，为大学生创新创业训练和实践提供必要的硬件条件。同时，搭配相应的服务、扶持、奖励、资助和管理制度体系，即建立鼓励创新创业的软环境。

二是重视学生社团组织的纽带作用。大学在创新创业教育中应到位而不越位，鼓励学生自我觉醒、自我设计、自我成长。要积极发挥学生社团的广泛带动和发动作用，让兴趣相投、目标相近的人凝聚起来，形成一种交流、互助、启发的合力。

三是重视榜样的教育力量。大学科研活动中也应强调创新，但更主要的还是知识创新。换言之，大学教师在创新创业教育中并不具有经验优势。因此，在进一步加强大学教师国际化、工程化的同时，要积极联系、发掘知名校友、成功企业人士等社会资源，尤其联系更具话语权的、在创新创业实践中取得成绩的人士，通过创业讲座、实地考察、企业实践等途径开展创新创业教育。

四是正确理解创新的适度性。对于大学生创新创业而言，片面强调技术的创新性和领先性既不现实，也无必要。苹果并非首个计算机品牌，却是让计算机更具人文艺术气质的领先者。阿里巴巴并非互联网的创建者，却是中国互联网商业化的领先者。从某种程度上说，对社会需求的敏锐把握和商业模式上的创新更是初创企业生存和成长的关键。

三、大学生创新创业教育的发展走向

（一）从"功利性"到"全面性"的创业教育

尽管近几年来，创业教育被越来越多的大学和学者提倡、研究和推动，但是社会各界，包括大学的教育行政、教师和学生，对创业教育的必要性、重要性和紧迫性的理性认识尚未形成。有学者提出创业教育就是培养创业素质的教育，另有学者提出创业教育就是培养创业型人才。更有甚者提出，创业教育就是对大学生实施创业的全方位指导，包括理财、营销、经营等。对创业教育的此类理解的着眼点是创业的技巧和技能，存在急功近利的倾向。虽然创业教育确实包含这些内容，但是这些却远远不能囊括创业教育的全部内涵。随着对创业教育研究的不断深入，越来越多的高校、学者等认识到这些观点的局限性并加以改正。但是，持有以上观点的人仍然不在少数，或者即使在思想上认识到此类观点的局限性，但在实践中又浑然不觉地走向"歧途"，这类现象在高校中尤为突出，正如原河南科技大学管理学院院长席升阳教授所说的那样，大学开展创业教育活动的动机和目的，大多是为了"感性的功利"。

创业教育作为素质教育的具体化形式，它的目的和意义远不止这些，我们对创业教育的理解应当更加全面深刻。随着对创业教育研究的不断深入和各大学生创业教育实践的陆续开展，我国学者纷纷开始从不同角度对创业教育加以全面阐释。席升阳教授在其著作《我国大学创业教育的观念、理念与实践》中从"创业"的语义出发研讨创业教育，并限定在高等教育的"语境"中展开，最终将创业教育定义如下：创业教育是使受教育者能够在社会经济、文化、政治领域内进行行为创新，开辟或拓展新的发展空间，并为他人和社会提供机遇的探索性行为的教育活动。他认为，创业教育的内核是关注人的本质力量的培育和主体性的塑造，并将人的自由与全面发展作为其核心的价值观。围绕这一内核和核心价值观，他提出创业教育的内容必须具有全面性、系统性的特点，并建议将创业教育的内容分为创业精神学、创业知识论、创业实践论三大部分。

（二）"大众化"与"差异化"创业教育相结合

"大众化"创业教育是"全面性"创业教育理念的题中应有之义。首先，从宏观角度来看，现在国家重视培养整个民族的创新能力，创业是创新能力的一种重要体现方式。随着高等教育规模的不断扩大，大学生队伍日益壮大，挖掘大学生这个最具潜力群体的创新能力和创业能力，不仅能够提升整个高等教育的质量，更是提升整个民族创新能力的一个重要方面。其次，从现实角度来看，如前所述，当前大学生就业问题突出，大学生想从社会的"增压器"变为"减压阀"就需要接受创业教育，需要通过创业教育提升自我的就业力和竞争力。最后，从大学生自身的角度来看，根据一项对全国六省市、近万名大学生的调查，近八成大学生有创业的意愿。厦门大学管理学院教师木志荣对厦门大学的大学生创业者进行的抽样调查，更是显示94.5%的创业者认为创业教育有必要或非常有必要。因此，无论国家、社会、高校，还是大学生，都迫切希望创业教育实行"大众化"，尽量面向全体大学生。创业教育"大众化"是各高校的共同目标和美好愿望，即便如此，我们也必须清楚地认识到一个现实：不是所有人都想创业，不是所有人都能创业。这一差异化在大学生这一特殊群体中更加明显。不是所有大学生都有同等的创业意愿和创业潜质，他们对创业教育内容、目标的理解存在明显不同。不同专业学生的知识基础各异，对创业教育的内容需求也各有侧重。"实践是认识发展的动力"，经调查发现，参加过创业计划竞赛的学生和自主创业的学生比一般在校学生对创业教育的需求更为强烈，因为他们在实践中发现自身知识与能力的欠缺，对接受创业教育更具有目标性，相对而言，他们接受创业教育的基础与能力也更好。当然，这并不代表不参加竞赛或不自主创业的学生就不需要接受创业教育。

我国大学生创业教育的未来展望从大学毕业生的人生走向来看，选择创业的人只占一小部分，大部分学生还是选择就业，大部分人接受创业教育的目的在于提高自身的综合能力。经调查发现，有将近70%的学生想提高自己的综合素质，为以后的就业或创业奠定坚实基础；还有将近25%的学生的目标很明确，希望通过创业教育使自己成功创业。对于这两大类不同需求的学生应当具体问题具体分析，加以区别对待。在面向全体大学生开展"大众化"创业教育的同时，对那些拥有创业热情、创业愿望和创业潜质的学生加以重点培养，集中优势创业教育资源，使他们能接受更有针对性的"精英化"创业教育。这样不仅能提高创业教育的质量和效率，更能在当前我国大学生创业教育资源相对匮乏的情况下，节约创业教育资源。

（三）大学生创新创业教育的路径优化

从国内外的研究和实践来看，创新创业教育的主要途径有三个，分别是课程教学、实践活动和校园文化。如何对这些途径进行组合、优化，以获得最大的教育效果是大学生创业教育的教育转化研究的核心问题。怎样优化？笔者认为，要坚持三个原则：一是目的性原则，结合创新创业教育的目标设计路径，同时要体现抓主要矛盾和矛盾的主要方面的思想，在承认每一种途径多重功能的基础上突出其核心功能；二是系统性原则，不能孤立看待各个途径，要整体把握设计，注重各途径间的逻辑和相互联系；三是可行性原则，既要追求理想的路径设计，又要结合国内外的先进经验，尤其要立足于国内创业教育的发展基础之上。

1. 弘扬"挑战文化"，激发大学生创新创业意识

校园文化建设是实施创业教育的枢纽。出现比较早、发展较为成熟的美国高校创业教育的一个突出特点就是，以校园创业文化建设为枢纽，推进高校的整体革新。他们的经验表明，创新创业教育需要良好的文化氛围做支撑，这种氛围的核心作用在于激发学生的创新创业意识。

2. 坚持课程与教学改革同步、知识掌握与内化结合

课程体系改革是推进创业教育的重点所在。从广义上看，课程是学生在教师的指导下进行的各种活动的总和，是教育活动中教学目的、内容与实施过程的统一；从狭义上看，主要是指学科课程。此处讨论的是狭义的课程。一般认为，课程居于教育的核心位置，是教育的心脏。对于创新创业教育而言，课程更是核心问题。创新创业课程建设主要有以下两个方面。

第一，改革现有课程体系，使其最大限度地发挥创新创业型人才培养的作用。改革的目标主要是实现三个转变：一是从知识中心向内化中心转变，传统的课程以知识为中心，这样的课程等同于某一类专门知识，大学课程的逻辑结构和内容等同于知识本身的逻辑结构和内容，课程的目标就是让学生掌握并记住这些知识。如前所述，知识本身不带来创新，只有当其内化为自身的知识时才与创新密切相关。这就要求在课程目标的确定上，不能仅以知识结构为参照，更重要的是使课程结构适应学生的心理结构，以促进学生形成良好的认知图式。二是从学科化向综合化转变。现在的课程都以学科为基础，按学科划分，知识被分割得过细。好的课程能适应社会、时代及科技发展需求。当今时代，重大科学技术创新需要高度分化基础上的高度综合性知识，技能创新往往产生于各学科的交叉领域，单靠某一学科已经很难实现大的创新和进步。进而创新创业型人才不会是仅仅掌握单一学科的人，而是拥有综合化知识结构的人。这就要求在课程设置上突破学科的狭窄领域，淡化学科界限，注重多个学科的交叉、渗透。三是从限定性向选择性转变。创新创业教育的一个重要的思想就是把成才的选择权交给学生。而当前的课程限定性过强，同一个专业的学生基本上学习同样的课程。这样的课程培养出来的学生是"被格式化的一代"。正如《学会生存》一书中所说，这样的教育"能扼杀创造性"。因此，要进一步实现真正意义上的选修制，除了极其必要的专业课程外，最大限度地允许学生按照个人兴趣选学，促进学生形成独特的知识结构。

第二，新建必要的创新创业教育专门课程。到底应该开设哪些具体的创新创业课程，是个十分复杂的问题，需要深入研究及实践。目前，我们认为应坚持四个原则，以进一步建设创新创业教育专门课程。一是坚持学科站位。创新创业教育在国外已经发展成为一门独立的学科。只有把创新创业作为一个独立的学科，才能深入系统地进行研究，构建、完善创新创业的理论体系，培养成批的专业教育人才，支撑创新创业教育的科学发展。二是层次性。不同高校类别、学历层次、年级阶段的学生，呈现不同阶段特有的身心发展、知识能力水平，面临不同的发展主题。创新创业教育课程的设置要适应不同类型学生的发展特点和成长需求，针对不同类型的学生侧重设计不同的课程，才能实现创新创业知识、能力的螺旋式提升。三是融合性。要注意创新创业教育课程与学生专业的融合，挖掘不同学科专业独特的创新创业教育内容。比如，历史学可以阐述创业者在人类历史长河中的作用；文学可以为学生提供创业者与创业故事的精彩描述；政府政策对创业影响的内容可以整合到政治学或政治经济学中。四是混合性。从学生的组织角度而言，创新创业教育课程不仅要突出各专业的特色，更要构建团队开发，利用商业创意，将经济、商业的相关专业学生和其他学院不同背景的学生混合在一起学习。

需要进一步指出的是，在改革调整课程体系的同时，也要同步改革人才培养模式，尤其改革教学方式。关于这一问题，现在探讨得相对深入一些，基本共识主要有四个方面。一是不要把学生当作知识的容器，要注重引导学生内化知识；二是不能单一地以课本为基本资源，要注重教学资源的时代性、实效性和多元化；三是要注重教学过程中师生的交流对话，提倡问题教学、讨论式教学、案例式教学等；四是要去除教学中教师的权威和专制的角色特征，构建平等和谐的师生关系。究其实质，关键是注重"演绎式教学"和"归纳式教学"的有机结合，尤其要恰当实施"归纳式教学"。我们目前的教学方式是演绎式的，先将一个无可置疑的真理灌输给学生，然后才会用其解释或解决问题，不利于学生的创造性培养。"归纳式教学"并不预定标准答案，而是先从现象入手，给出多种理论，鼓励学生怀疑和批判，给学生很大的自主选择空间，有利于学生创新精神和创业能力的培养。

3. 打造"个性化"实践平台，丰富大学生的创新创业经验

实践教育在大学生创新创业教育中的价值是不言而喻的。如前所述，大学生创新创业能力培养是高校创新创业教育的核心内容之一。而大学生创新创业能力的形成依赖于实践，是个体在实践过程中通过构造、理解等方式逐渐形成的。只有通过系统的创新创业实践教育才能把有关知识转化成创新创业能力。当前，主要从以下三个方面入手，充分发挥实践的创新创业教育价值。

一是把创新创业教育实践融入人才培养的大链条之中。大学生创新创业能力的提高离不开创新创业实践活动。但是，当前存在为了实践而实践的问题，即表面上建立了形式多样、数量不菲的实践基地，开展了丰富多彩的实践活动，实际上却把实践教育与知识学

习、意识培养等割裂开，其实际效用比较低，使大学生创新创业教育实践趋于表面化，影响了教育效果。进一步提高实践的作用，就要从大教育观的目标出发，把实践作为大学生创新创业教育体系中的一环，融入专业教育和人才培养全过程，紧密联系大学生的学科背景和身心特点等，设计和开展创新创业实践活动。

二是进一步细化实践教育平台。实践教育平台建设是实践活动得以展开的基本保障。目前，随着国家对创新创业的高度重视，国家、地区、学校都在努力建设实践平台，建成了一批质量较好、影响较大的大学科技园、高校学生创业实习基地、实践教学基地等实践平台。这些实践平台对创新创业教育的开展发挥了巨大作用。但是，当前的实践平台多是粗放式、广谱式的，其针对性、实效性有待提高。创新创业实践能力是高度个性化的能力，需要个性化培养。这就需要建立完善且更具个性化的实践教育平台，既要紧密结合大学生学历层次、年级特征等因素，从纵向上分层设计创新创业实践活动平台，又要结合大学生的创新创业能力的内容维度、发展水平、成长需求等因素，从横向上分类设计创新创业实践活动平台。

三是加强实践中的教育引导。当前，高校开展的创新创业实践教育活动主要是创业讲座、论坛、模拟实践等，更多定位于实质性的经营活动或是一般性的社会实践，过多偏重创业知识的传递，其目标是培养职业经理人或白领，而不是真正的创业者。这种简单的知识传递把创新与创造平庸化为单纯的技巧与操作，忽略创新能力和创业能力的深层内涵。实际上，创新创业实践活动的价值主要在于促进学生创新创业经验的生成，引导学生在实践的同时深入思考，帮助学生把握创新创业的科学规律以及领悟创新创业成功的真谛。这种生成和领悟是一个艰难的过程，不仅需要学生自身积极主动，更需要辅之以高质量的教育指导。这就对教师的素质提出了更高要求。目前，我国大学生创新创业教育师资主要是学生就业工作人员以及部分商学或经济学的专职教师。这些教师有完善的创新创业的知识体系，擅长知识传授，但受工作岗位和个人经历等的限制，一般缺乏创新创业的实战经验。这样的师资队伍很难在学生实践过程中给予有效的教育引导，从这个意义上讲，师资队伍建设成为大学生创新创业实践教育中亟待解决的核心问题。我国要尽快打造一支集理论和实践于一身的教师队伍，进而加强创新创业实践中对学生的教育引导。

参考文献

[1] 李建庆. 大学生创新创业教育研究 [M]. 成都：四川大学出版社，2019.

[2] 沈丹，杨百忍，孟昕. 大学生创新创业教育 [M]. 南京：河海大学出版社有限公司，2021.

[3] 盛义保，付彦林，王鉴颖，等. 大学生创新创业教育基础 [M]. 合肥：合肥工业大学出版社，2020.

[4] 赵翠玲，胡坤，张大权. 新媒体环境下创新创业教育研究 [M]. 北京：北京工业大学出版社，2018.

[5] 廖芳. 新时代大学生创新创业教育的策略研究 [M]. 北京：中国纺织出版社有限公司，2021.

[6] 张晓华. 大学生创新创业教育路径探究 [M]. 北京：北京航空航天大学出版社有限公司，2021.

[7] 葛茂奎. 大学生创新创业教育与探索 [M]. 吉林：吉林出版集团股份有限公司，2018.

[8] 王青迪. 大学生创新创业教育与就业指导 [M]. 上海：上海三联书店，2019.

[9] 佟思睿. 新时代大学生创新创业教育的融合发展研究 [M]. 沈阳：辽宁大学出版社，2020.

[10] 万生新，姬建锋. 大学生创新创业教育 [M]. 西安：陕西人民出版社，2019.

[11] 白云莉. 大学生创新创业教育新模式研究 [M]. 天津：天津科学技术出版社，2021.

[12] 高连宏. 高校创新创业教育理论与实践 [M]. 北京：现代出版社，2019.

[13] 张瑜，范晓慧，金莹. 大学生创新创业教育理论与实践研究 [M]. 北京：中国书籍出版社，2022.

[14] 张巧平. 大学生创新创业教育理论与实践研究 [M]. 北京：中国原子能出版社，2020.

[15] 李喆. 地方高校创新创业教育研究 [M]. 济南：山东人民出版社，2020.

[16] 韩丽华. 创新创业教育理论与实践的研究 [M]. 沈阳：辽海出版社，2019.